AF523994

Auf dem Weg zu sich selbst

VERLAGSGRUPPE PATMOS

PATMOS
ESCHBACH
GRÜNEWALD
THORBECKE
SCHWABEN
VER SACRUM

Die Verlagsgruppe
mit Sinn für das Leben

Die Verlagsgruppe Patmos ist sich ihrer Verantwortung gegenüber unserer Umwelt bewusst. Wir folgen dem Prinzip der Nachhaltigkeit und streben den Einklang von wirtschaftlicher Entwicklung, sozialer Sicherheit und Erhaltung unserer natürlichen Lebensgrundlagen an. Näheres zur Nachhaltigkeitsstrategie der Verlagsgruppe Patmos auf unserer Website www.verlagsgruppe-patmos.de/nachhaltig-gut-leben

Bibliografische Information der Deutschen Nationalbibliothek
Die Deutsche Nationalbibliothek verzeichnet diese Publikation in der Deutschen Nationalbibliografie; detaillierte bibliografische Daten sind im Internet über http://dnb.d-nb.de abrufbar.

4. Auflage 2023

Verlagsgruppe Patmos in der Schwabenverlag AG, Ostfildern
www.verlagsgruppe-patmos.de
Dieses Buch erschien erstmals 1997 im Walter Verlag unter dem Titel *Wir sind immer unterwegs. Gedanken zu Individuation,* danach 2009 in Neuausgabe mit überarbeitetem Vorwort im Patmos Verlag, Düsseldorf, unter dem Titel *Der Weg zu sich selbst.*

Umschlaggestaltung: Finken & Bumiller, Stuttgart
Umschlagabbildung: marsj / Quelle PHOTOCASE
Druck: GGP Media GmbH, Pößneck
Hergestellt in Deutschland
ISBN 978-3-8436-0634-9 (Print)
ISBN 978-3-8436-0635-6 (eBook)

Verena Kast

Auf dem Weg zu sich selbst

Werden, wer ich wirklich sein kann

Patmos Verlag

Einführung

Ziel der Individuation ist es, der einmalige Mensch unter allen Menschen zu werden, der wir sein können. Werden wir das nicht von selbst, sozusagen automatisch, im Verlaufe des Lebens? Ist es nicht Folge unseres natürlichen Lebensprozesses, daß wir die werden, die wir eigentlich sind, daß wir im Verlauf unseres Lebens immer echter werden, immer authentischer – eben immer unverwechselbarer wir selbst?

Sicher gibt es solche Menschen, jeder und jede von uns mag einige dieser Originale kennen. Aber ganz so selbstverständlich ist das nicht. Wir wollen nicht nur das eigene Leben leben, wir wollen auch in vertrauensvollen Bindungen zu anderen Menschen stehen. Das bedeutet aber immer auch, daß wir uns auch an andere Menschen anpassen müssen, daß wir Kompromisse finden müssen. Bedenken wir nur, wie oft wir uns anpassen in unserem Leben. Natürlich ist das von uns allen immer wieder gefordert, doch können wir dies im Einklang mit uns selbst tun, wir können uns aber auch so anpassen, daß die daraus hervorgehende Haltung nicht mehr zu uns paßt. Wir haben uns dann selber verraten, sind uns untreu geworden. Je nachdem, auf welchem Lebensgebiet das sich ereignet, wird es mehr oder weniger große Folgen haben. Sind wir zum Beispiel Menschen, die die Stille und die Beschaulichkeit lieben, und haben wir uns entschlossen, genauso aktiv, so präsent und in ständiger Bewegung zu sein wie irgendein Vorbild, das vielleicht gesellschaftlich besser anerkannt ist – denn ein Vorbild hat man bei solchen Entschlüssen –, so werden wir diesen Lebensstil möglicherweise durchhalten, aber wir brauchen viel Energie dazu. Und manchmal passen wir uns zu sehr an, weil wir einem Menschen so sehr gefallen wollen, bis wir nicht mehr wissen, wer wir sind. Unser Lebensgefühl wird von diesem zu sehr uns Anpassen nachhaltig beeinflußt; beunruhigt uns das, spüren wir, daß wir nie ganz bei uns selbst sind; diese Erfahrung kann uns dazu bringen, unser Leben zu verändern. Bleiben wir jedoch in dieser Haltung stecken, so verändern wir uns kaum mehr und werden zu einer künstlichen Persönlichkeit.

Die Frage ist natürlich, in welchen Bereichen wir uns zu sehr anpassen. Haben wir uns bloß in der Kleidung einer Mode angepaßt, die für uns nicht stimmt, dann hat das wohl nur eine vorübergehende Wirkung auf unser Leben als Ganzes. Es ist ja nie nur etwas Bestimmtes, das zu einem paßt: In der Regel haben wir durchaus freie Optionen. Vieles an Haltungen, Stilen, Überzeugungen kann zu einem bestimmten Zeitpunkt sehr wohl im Einklang sein mit unserem Lebensgefühl – aber eben niemals alles. Und es gehört zum menschlichen Leben, daß wir immer neu herausfinden müssen, was wirklich für uns stimmig ist, und daß wir nicht mehr Stimmiges dann auch loslassen. Auch das gehört zum Individuationsprozeß.

Nun ist es nicht so, daß wir uns in jeder Situation bewußt entscheiden zu Haltungen und Verhalten, die – mehr oder weniger – Ausdruck unseres Wesens sind. Schon in der Kindheit wurden gewisse Seiten von uns mehr honoriert als andere, wurde bestimmtes Verhalten belohnt, anderes bestraft. Hatten die Erziehenden einen Blick und ein Gefühl für unsere Eigenart, war der Kompromiß zwischen unserer Persönlichkeit und den notwendigen Anpassungsaufgaben an die Gesellschaft ein durchaus zufriedenstellender: Wir wurden nicht zu sehr „verbogen". Hatten aber die Erziehungspersonen wenig Sinn für unsere Eigenart oder waren sie stark beeinflußt von dem, was *man* tut, was *man* denkt, wie man sich zu benehmen hat, wurden wir wenig dahin geführt, die zu sein, die wir eigentlich sein könnten.

Zwei Aspekte der Individuation werden deutlich: Zum einen wissen wir in keinem Moment unseres Lebens abschließend, wer wir sind und wer wir sein können; zum anderen steht das Individuationsprinzip in steter Auseinandersetzung mit dem, was man in einer bestimmten Kultur von einem Menschen erwartet. Das, was *man* so tut und denkt, wie *man* zu fühlen hat, das entspricht gerade nicht dem Individuationsprinzip. Sich selbst werden heißt also zum einen, immer mehr herauszufinden, was denn eigentlich stimmig ist für uns, und zum anderen den Konflikt auszuhalten zwischen unseren persönlichen Bedürfnissen und den gesellschaftlichen Erwartungen. Es gehört zum Leben, daß wir unser eigenes Leben leben wollen, daß wir aber auch dazugehören wollen, es geht um Autonomie und Anpassung.

Individuation bedeutet, im gelebten Alltag zu entdecken, wer wir wirklich sind, was an ganz spezifischen Möglichkeiten in uns angelegt ist. Wir können unser eigenes Wesen kennenlernen, indem wir bewußt wahrnehmen, was besser, was schlechter zu uns paßt, und das können wir loslassen. Wir können aber immer wieder, und das ist aufregend, unbekannte Seiten in uns entdekken. Im Laufe unseres Lebens kommen wir immer wieder in Situationen, die uns überraschen, werden immer wieder Seiten an uns sichtbar, mit denen wir eigentlich nicht gerechnet haben. Wir haben viel uns Fremdes in uns, Unbewußtes, Ungewußtes – wir sind uns selber immer für Überraschungen gut. Dieses Unbekannte in uns kennenzulernen ist ein aufregender Erkenntnisprozeß. Oft wird er gerade durch Konflikte befördert, die uns zeigen, welche Seiten an uns im dunkeln liegen, welche Seiten entwickelt werden müssen.

C. G. Jung sah die Individuation als einen lebenslangen Prozeß der bewußten Auseinandersetzung des Ichs mit dem persönlichen und dem kollektiven Unbewußten einerseits und dem kollektiven Bewußtsein anderseits. Er sprach davon, daß dabei zum einen der Schatten des Menschen mehr und mehr bewußt wird, zum anderen die gegengeschlechtlichen Anteile im Menschen, Animus und Anima.

Bei der Bewußtwerdung des Schattens geht es darum, daß man die Seiten an sich entdeckt, die man bis anhin vor sich verbergen wollte, verdrängte und in der Folge bei anderen Menschen sah und bekämpfte. Den Schatten zu akzeptieren bedeutet, sich immer mehr zu sehen als einen Menschen im Spannungsfeld zwischen dem, was man sein möchte, und seinem Schatten, immer mehr auch Verantwortung für diese unangenehmen Seiten in sich zu übernehmen. Das hat zur Folge, daß man diese nicht mehr auf die anderen Menschen überträgt und sie ihnen anlastet. Dadurch wird unser Selbstbild realer, das Leben blutvoller und lebendiger.

Noch fremder als unsere Schattenseiten sind uns Anima und Animus – die Archetypen der geheimnisvollen Fremden und des geheimnisvollen Fremden –, die uns helfen, uns von den Elternkomplexen abzulösen, und zudem bei der Wahl des Partners oder der Partnerin eine wichtige Rolle spielen. Sie sind es auch, die die Annäherung an unsere Mitte ermöglichen, dem Leben die Dimensionen von Sinn und Sehnsucht vermitteln und uns letztlich zur Spiritualität führen können. Die Entwicklung verläuft in der Regel so, daß die Anima- und Animusgestalten zunächst noch deutlich von Vater- und Mutterkomplexen eingefärbt sind, sich aber nach und nach immer deutlicher in das Bild der geheimnisvollen Fremden oder des geheimnisvollen Fremden wandeln.

Die beschriebenen Prozesse brauchen ihre Zeit; und sie zeigen, daß Individuation einerseits ein Prozeß der Ablösung und Selbstwerdung ist, andererseits ein Weg zur eigenen Mitte und Tiefe. Es ist ein Annäherungsprozeß, der immer auch auf Korrigierbarkeit hin angelegt ist.

Gelegentlich wird Individuation auch als Weg zur größeren Ganzheit bezeichnet. Diese Ganzheit entspricht dem Selbst im Jungschen Verständnis, das weit über das Ichbewußtsein hinausgeht und die Vergangenheit, die Gegenwart und die Zukunft der Persönlichkeit umfaßt. Das Selbst wird auch verstanden als Antrieb und Sehnsucht zu einer lebenslangen Entwicklung, einer kontinuierlichen Auseinandersetzung zwischen dem Ich und dem Unbewußten hin zur angestrebten Ganzheit. Dies bedeutet natürlich nie die totale Verwirklichung des Selbst, das ist in unserem Menschsein nicht möglich. Ganzheit ist zu jeder Zeit etwas anderes. Sie kann dahingehend verstanden werden, daß immer mehr Aspekte der eigenen Persönlichkeit gesehen und gelebt werden können, daß immer mehr von dem, was zu leben ansteht, auch wirklich gelebt werden kann, daß wir immer echter, immer authentischer, immer mehr wir selbst werden können. Das heißt aber auch, daß wir Widersprüche in unserer Persönlichkeit besser auszuhalten vermögen, daß wir uns trotz Widersprüchen nicht zerrissen fühlen, sondern als ein Mensch, der sich dennoch als Einheit erfährt. Es heißt weiter, daß wir Treue zu unseren Gefühlen und Emotionen entwickeln, überhaupt immer mehr entdecken, welche Gefühle wir im gegebenen Moment haben, und daß wir unsere echten Gefühle von denen unterscheiden lernen, die wir glauben „haben zu müssen".

Der Individuationsprozeß, wie wir Tiefenpsychologinnen und Tiefenpsychologen ihn verstehen, gründet auf einer Haltung, die in der Therapie erlernt werden kann: Den Äußerungen des Unbewußten, wie sie eben beschrieben wurden, wird bewußt Aufmerksamkeit geschenkt; das heißt, wir beschäftigen uns mit Symbolen in Träumen, Märchen, Bildern etc., mit Emotionen, vor allem aber auch mit Erfahrungen in Beziehungen, denn in der Auseinandersetzung mit dem Du zeigt sich sehr viel von unserer unbewußten Psyche.

In Symbolen werden häufig die jeweils anstehenden Themen an das Bewußtsein herangetragen, und in der schöpferischen Auseinandersetzung mit ihnen entwickelt sich die Persönlichkeit. Da die Individuation ein schöpferischer Prozeß ist, kann sie auch mit Methoden, die das Schöpferische fördern, unterstützt werden.

In der Jungschen Psychologie nehmen wir nicht nur sorgfältig alle Symbole wahr und gehen mit ihnen therapeutisch um, wir sehen zugleich die Alltagswirklichkeit immer auch in ihrem symbolischen Verweisungszusammenhang. Das Symbolverständnis bei Jung ist ganz und gar von der Vorstellung getragen, daß der Psyche ein Drang innewohnt, sich zu entwickeln. Krank werden wir dann, wenn wir diesen Drang nicht mehr aufnehmen können. Mit diesem Entwicklungsgedanken verbunden ist die Überzeugung, daß alles Leben eine verborgene Zielgerichtetheit hat. Wir sind damit einem Menschenbild verpflichtet, das den Menschen in einem umfassenden Sinnzusammenhang sieht, zu immer neuer schöpferischer Wandlung aufgerufen. Wir sind zudem einem Selbstverständnis verpflichtet, für das alles Geschehen noch eine Dimension über das Offensichtliche hinaus hat und deshalb geheimnisvoll bleibt.

Das Wissen um den Individuationsprozeß kann für das Leben eines jeden zu einem wichtigen Anstoß werden – denn es ist ein großes Lebensziel, daß, wie Fromm es formuliert, der Mensch geboren werden sollte, bevor er stirbt, daß wir also nicht als Kopien unser Leben fristen, sondern als die, die wir sein können, unseren unverwechselbaren Beitrag in unser Leben einbringen.

Frau Marianne Schiess hat aus meinen Büchern Stellen zusammengetragen, die sich mit dem Individuationsprozeß auseinandersetzen und zum Nachdenken und Nachfühlen anregen. Ich bin ihr sehr dankbar sowohl für die Anregung zu diesem Buch als auch für die Auswahl der Texte.

Ich bedanke mich beim Patmos Verlag und vor allem bei Frau Christiane Neuen dafür, daß dieses Büchlein wieder neu aufgelegt wird.

Verena Kast

Wachsen und sich entfalten: Individuation

Ganzwerden ist eine Utopie.
Wir sind bestenfalls auf dem Weg.

Ziel des Individuationsprozesses ist es, daß man zu dem Menschen wird, der man eigentlich ist. „Werde, der du bist", so sagte schon Pindar, die Idee ist also nicht neu. Aristoteles betonte, daß jedes Erschaffene in sich die nur ihm eigene Gestalt enthält und daß das Leben zu dieser eigenen Gestalt hinführen soll. Das heißt, daß die Fülle unserer Lebensmöglichkeit zu einem großen Teil erlebbar werden kann, daß sichtbar werden kann, was in uns – und vielleicht eben nur in uns – angelegt ist.

Der Individuationsprozeß ist in diesem Sinne ein Differenzierungsprozeß: Die Besonderheit eines Menschen soll zum Ausdruck kommen, seine Einzigartigkeit. Dazu gehört ganz wesentlich das Annehmen von sich selbst mit den jeweils damit verbundenen Möglichkeiten, aber auch den Schwierigkeiten – wobei gerade die Schwierigkeiten wesentlich sind, sie machen ja unsere Besonderheit weitgehend aus. Das Annehmen von sich selbst, samt den Möglichkeiten und den

Schwierigkeiten, ist eine Grundtugend, die im Individuationsprozeß verwirklicht werden will.

*

Selbstwerdung darf nicht so gesehen werden, daß sie die Mitwelt ausklammert, sondern Selbstwerdung, Selbstgestaltung ist immer auch Beziehungsgestaltung. Dabei meint Beziehungsgestaltung keineswegs, daß unser Mitmensch „nur“ als Projektionsträger oder Projektionsträgerin uns nützlich sein kann. Selbstverständlich finden gerade in Beziehungen sehr viele Projektionen statt, begegnen wir in der Beziehung zu einem anderen Menschen sehr oft uns selbst, denn Archetypen beleben nicht nur Beziehungen, sondern Beziehungen beleben auch Archetypen. Das gehört nach meiner Vorstellung zu einer Ich-Du-Beziehung, die nicht von allzu vielen Projektionen verzerrt ist.

Über die Ich-Du-Beziehung hinaus aber geht es um die vielfältigen Möglichkeiten der Beziehung des Individuums zu anderen Menschen, und letztlich auch zur Welt. So wird sich ein Individuum, das sich auf dem Weg der Individuation befindet, immer in einer Spannung vorfinden zwischen dem, was an Symbolen erlebbar ist, was es als inneren Auftrag empfindet, und seinem In-der-Welt-Sein. Dabei wird das Erleben von Welt oder das Erleben von Beziehungen auch immer wieder die Sicht unserer Symbole verändern, wahrscheinlich sogar die Symbolbildung. Beziehung und Individuation können nicht getrennt werden voneinander.

Zum Individuationsprozeß gehört, sich einverstanden zu erklären mit dem, was man ist (nicht aber in dem Sinne, daß man nichts verändern will), sich einverstanden zu erklären mit gewissen Grundbedingungen, die nicht wegzudiskutieren sind. Gerade indem man diese Grundbedingungen akzeptiert, kann man beharrlich Grenzüberschreitung üben.

*

Der Mensch soll zu einem Einzelwesen werden, abgelöst von den Elternkomplexen und, damit zusammenhängend, auch von kollektiven Maßstäben, von Normen und Werten in einer Gesellschaft, von Rollenerwartungen, von dem, was „man" denkt. Man-selbst-Werden heißt also auch mündig werden.

Im Weltbild der Jungschen Psychologie gilt, daß das, was außen ist, auch innen, was innen, auch außen ist. Wir sollen uns deshalb nicht nur vom Verhaftetsein an kollektive Werte, Normen, Rollenerwartungen lösen – die wir in unserer Persona internalisiert haben –, sondern auch vom Verhaftetsein ans Unbewußte und dann bewußt in Beziehung dazu treten. Wir sollen also weder vom Unbewußten bestimmt werden noch von den Werten, die wir gesellschaftlich geschaffen haben.

*

Da wir Menschen immer eine Vision von unserem Leben, unserer noch unbewußten Ganzheit haben, da wir unbewußt wissen, wohin wir gehen, können wir im Grunde genommen auch hoffen. Diese Idee, daß wir uns im Unbewußten voraus sind, daß wir von dort her Grund zum Hoffen haben, drückt sich in der Jungschen Psychologie beispielsweise in der Definition des Selbst aus, das von C. G. Jung als „Grund und Ursprung der individuellen Persönlichkeit" begriffen wird und diese „in Vergangenheit, Gegenwart und Zukunft umfaßt". Daß der ganze Individuationsprozeß unbewußt in uns angelegt ist, kann deshalb auch als verdeckte Vision und als Sehnsucht erlebbar sein.

*

Wenn nun der Archetypus des Selbst dem Menschen erfahrbar wird, dann haben wir den Eindruck, daß wir absolut gemeint sind; wir haben das Gefühl der Selbstzentrierung, das Erlebnis der unabweisbaren Identität und auch der Schicksalhaftigkeit der jeweiligen Lebenssituation. Die Inkarnierung, die Verwirklichung des Selbst in unserem Leben, steht sozusagen als Utopie für den ganzen Individuationsprozeß.

*

Der rhythmische Wechsel zwischen Symbiose und Individuation ist nicht nur ein Thema der frühen Kindheit, es handelt sich um ein Phänomen, das sich durch das Leben hindurchzieht und verwirklicht. Wir wissen, daß die frühkindliche Symbiose sehr viele heilende Kräfte enthält und freisetzt. Es ist bestimmt eine unserer Tendenzen, diese heilenden Kräfte, die wir in ihr erfuhren, wieder erlebbar zu machen.

*

Bei Mystikern und Mystikerinnen erfährt man immer wieder, daß sie eine Symbiose mit dem Göttlichen erlangen können und trotzdem – oder gerade deshalb – auch individuiert sind, sie leben einen guten Rhythmus zwischen Symbiose und Individuation.

Je klarer die Ichgrenzen sind, je besser wir uns als Ich in unserem Selbsterleben und Handeln von anderen Menschen unterscheiden können, je mehr wir dadurch auch unser eigenes Leben leben, desto weniger müssen wir auf unseren jeweiligen Ichgrenzen beharren, desto eher können sie auch immer wieder durchlässig werden.

*

Wir sind nicht nur in das Leben geworfen, sondern wir sind auch von ihm getragen. Es gibt nicht nur die Angst, es gibt auch die Freude. Durch dieses Getragensein können wir uns wandeln – allerdings auch durch das Geworfensein. Doch wandeln wir uns durch das Getragensein auf einem anderen Weg: Hier verbinden wir uns in der Symbiose mit anderen Menschen und auch mit unserem Unbewußten, wir erleben dadurch mehr

Lebensfülle, Stärke, Aufgehobensein; wir erfahren Selbstsein in der Selbstvergessenheit, nehmen unsere Vitalität und den Reichtum des Entdeckbaren wahr. Es ist eine Form der Wandlung durch Selbstbestätigung, Selbstbejahung – eine Voraussetzung für die Selbstwerdung im Sinne der Individuation, bei der es darum geht, sich gegen andere Menschen abzugrenzen, sich auch in Frage zu stellen und so sich selbst zu finden.

*

Der Individuationsprozeß wird symbolisch oft im Wachstumsprozeß dargestellt, vor allem im Wachstum von Bäumen. Bäume scheinen besonders gut als Projektionsträger für den Individuationsprozeß des Menschen geeignet zu sein. So wie wir Menschen aufrecht in der Welt stehen, steht auch der Baum im Raum: Er ist verwurzelter als wir, aber auch wir erinnern uns an Wurzeln; er muß sich aufrichten in die Höhe, wächst bis zu seinem Tod, in seinem Aufgerichtetsein muß er stehen, widerstehen, standhalten, wie wir es auch tun. In seiner Krone entfaltet er sich, trägt er allenfalls Früchte, ist er fruchtbar, breitet er sich in die Welt aus. Seine Krone ist gleichzeitig auch ein Dach, ist Schutz, gibt den Vögeln Gelegenheit zu verweilen. Der Baum verbindet sich der Erde, der Tiefe, dem Wasser; der Baum verbindet sich dem Himmel. So wie wir Menschen zwischen Oben und Unten stehen, steht auch der Baum zwischen Oben und Unten.

Stagnation als Herausforderung

Es scheint ein Gesetz zu sein,
daß dort, wo etwas Neues sich auftut,
auch das Beharrende sich zeigt.

Da der Individuationsprozeß ein subjektiver Integrationsvorgang wie auch ein objektiver Beziehungsvorgang ist, sind zwei Verfallsformen möglich:

Es gibt Menschen, die individuieren sozusagen nur innerhalb ihrer Beziehungen; sie können eine ungeheure Hingabe leben, ganz aufgehen für einen anderen Menschen, ihr Ich zurückstellen. Das heißt, daß der Individuationsimpuls, der Individuationsdrang, der von Jung ja auch als Trieb beschrieben wird, auf die Beziehung projiziert ist und nur im Beziehungsaspekt gelebt wird; der Integrationsaspekt fehlt. Es fehlt also die Überlegung, was denn dieser Mensch, dem man sich mit soviel Hingabe widmet, im eigenen Leben bedeutet, ob er vielleicht auch Ausdruck für einen intrapsychischen Anteil ist, der dringend benötigt wird, damit das Leben seine Ganzheit erlangt. Dieser Introspektionsvorgang fehlt dann.

Die andere Verfallsform ist die Individuation im Elfenbeinturm: Der Individuationsprozeß wird hier zu etwas rein Innerlichem, alles wird mit sich selbst abgemacht, Anregungen von außen werden aufgenommen, aber nicht zurückgemeldet; Menschen und Beziehungen werden gebraucht, um das innere Leben anzuregen oder zu strukturieren.

Ideal wäre, wenn die Spannung zwischen dem internen Integrationsvorgang und den Beziehungsvorgängen erhalten bliebe, wenn eine wechselseitige Belebung von innen nach außen und von außen nach innen möglich sein könnte.

*

Wir kennen diesen Zustand in abgeschwächtem Maße wohl alle, daß wir, weil wir etwas nicht loslassen können oder nicht loslassen wollen, an Ort und Stelle treten und die gesamte Energie, die eigentlich für den Neuanfang da wäre, nun dazu benützen, innerlich gegen uns selbst zu wüten und zu toben. Wir versteinern dabei innerlich und werden langsam einem krächzenden Raben gleich, weil wir unser Unglück in wenig variierter Weise immer wieder herauskrähen.

*

Was haben wir nicht alles an andere Menschen, an die Obrigkeit, an irgend jemanden, „der oder die es schon machen wird“, delegiert, obwohl wir insgeheim wußten, daß es auch unsere Sache gewesen wäre, zu unserem Leben gehört hätte.

*

Unsere Identität – und damit unser Selbstsein – ist immer auf Korrigierbarkeit hin angelegt, muß immer wieder neu definiert und akzeptiert werden. Viele Erfahrungen im Alltag labilisieren unser Selbstwertgefühl – andere stärken es aber auch. Wir bleiben zudem oft hinter dem zurück, was wir eigentlich realisieren möchten, ohne uns damit einverstanden zu erklären, ohne unser Selbstkonzept den realen Begebenheiten und unseren Möglichkeiten anzupassen.

*

Auch wenn wir uns von den persönlichen Eltern ablösen, allenfalls abrupt abgrenzen, eine radikale Trennung vollziehen – gute und auch schlechte Anteile von Vater und Mutter, die wir verinnerlicht haben, gute und schlechte väterliche und mütterliche Seiten, die durch die Eltern geweckt worden sind, die nehmen wir mit uns, die tragen wir mit uns.

*

Die Lebensaufgabe, die die Eltern nicht erfüllten, wird zur Lebensaufgabe, die die Kinder zu erfüllen haben.

*

Warum geben wir mehr Zuwendung, wenn Kinder krank sind, als wenn sie sich freuen? Wenn wir freudige Menschen haben möchten, dann müßten wir Freude eigentlich genauso anerkennen und stimulieren und einem Kind, das sich freut, genausoviel Zuwendung geben wie einem traurigen, als Zeichen dafür, daß seine Freude auch uns freut. Vielleicht würden Kinder weniger krank, wenn wir ihnen auch dann Zuwendung gäben, wenn sie lieb und freudig sind.

*

Symbiose und Tod haben einiges gemeinsam. Unsere kollektiven Jenseitsbilder sind geprägt von unseren Symbiosebedürfnissen, denken wir etwa an Ausdrücke wie: „eingehen in die ewige Herrlichkeit" oder „von einem größeren Ganzen aufgenommen werden". Unsere Phantasien über das, was nach dem Tod ist – so verschieden sie im einzelnen auch sein mögen –, tendieren immer auf eine Symbiose hin, in der die individuelle Existenz aufgehoben sein wird. Die einen fürchten das, die andern ersehnen es sich, wieder andere konstruieren sich die Phantasie so, daß die Vereinzelung eben doch nicht ganz aufgehoben ist.

Tod und Symbiose haben aber auch insofern einen Zusammenhang, als die Symbiose immer gegen die Veränderung des Lebens gesucht wird: Die Angst vor der ständigen Veränderung, vor dem ständigen Abschiednehmenmüssen, vor dem ständigen Sterbenmüssen läßt uns das Bleibende suchen – das wir dann *allzu* bleibend haben wollen –, sie läßt uns die Symbiose suchen.

So kann man bei jeder Form von zu lange anhaltender Symbiose fragen, gegen welche Entwicklung sich ein Mensch sperrt. Es gibt eine Form der Symbiose, die bewirkt, daß der Mensch den Anforderungen des Lebens überhaupt nicht mehr gerecht werden kann, denn Leben verlangt von uns, daß wir immer wieder geboren werden, daß wir Neues wagen, uns immer wieder entscheiden und dabei entdecken, was wirklich zu uns gehört.

*

Die Schuldgefühle, diese quälenden, peinigenden Gefühle, die uns so uneins sein lassen mit uns selbst, zeigen an, daß wir etwas schuldig geblieben sind, das wir nicht hätten schuldig bleiben sollen. Wir haben einen Wert nicht erfüllt. Im Schuldgefühl drückt sich auch die Trauer darüber aus, daß wir eben doch nicht so ideal sind, wie wir gedacht haben, oder auch der Ärger darüber, daß wir nicht so gut sein können, wie wir eigentlich sein möchten. Wenn wir Schuldgefühle haben, sind wir mit uns zerfallen, sind zerrissen, das heißt, wir leiden in einem geringeren oder in einem größeren Ausmaß an einem Identitätsproblem. Die Angst, die mit unserem Zerfallensein mit uns selbst korrespondiert und die unsere Identität zusätzlich bedroht, wird abgewehrt. Wir beginnen uns zu rechtfertigen, suchen Sündenböcke.

Man kann Schuldgefühle auch akzeptieren, und tun wir das, bekommen wir ein menschengerechteres Bild von uns selbst, ein Bild von einem Menschen, der auch etwas schuldig bleiben kann, schuldig bleiben muß.

*

Wenn eine leidenschaftliche, dynamische Seite verdrängt ist, uneingelöst ist im Leben, dann ist es selbstverständlich, daß sie, wenn sie „ausgelöst“ wird, wenn sie also eine Rolle spielen darf im Leben, nicht nur ihre positiven, konstruktiven Aspekte mit sich bringt, sondern auch die destruktiven. Dabei kann gerade der positive Aspekt davon die Möglichkeit schaffen, daß mit dem destruktiven Aspekt umgegangen werden kann.

*

Manchmal hat man das Gefühl, daß jemand gerade dann, wenn er sich sehr absetzen will von einer früheren Lebensform, seine „schlechtesten Seiten“ zu leben beginnt. Etwa, wenn sehr liebevolle Frauen, die sich plötzlich ausgebeutet vorkommen, meinen, sie seien naiv gewesen, und dann harte, dominierende Seiten herauskehren.

*

Ich meine, daß wir immer dann destruktiv werden, wenn wir Aggressionen – im Sinne des gezielten Auf-etwas-Zugehens, durchaus auch im Sinne der Konfrontation und auch der kraftvollen Konfrontation – verdrängen. Dann bleibt plötzlich nur noch eine „Alles-oder-Nichts“-Lösung, und die ist meistens destruktiv.

*

Daß Frauen eine abgeleitete Identität haben, gilt in einem androzentrischen System als normal und wünschenswert. Da der Mann allein „wertvoll" ist, wird der Frau vermittelt, daß sie dann „normal" und attraktiv, eine richtige Frau ist, wenn sie die Frau eines Mannes ist. So kommt sie zwar zu einem relativen Wert. Sie kann aber Frau eines Mannes sein, ohne ihre eigene Identität – die unter anderem auch aus der Auseinandersetzung mit dem von der Mutter und vom Mutterkomplex Geprägten hervorgeht – je gefunden zu haben. Sie ist dann immer auf die Anerkennung der Männer angewiesen – eine große Abhängigkeit.

Vor allem aber muß sie dann rivalisieren, weil jede andere Frau ihr nicht nur den Mann, sondern die Daseinsberechtigung wegnehmen kann. Wenn der Mann oder der Vater einer Frau ständig bestätigen muß, daß sie eine Identität hat, ist es natürlich außerordentlich wichtig, daß sie die Erste, die Beste, die Schönste ist; denn ist sie nicht die Erste, so bekommt sie unter Umständen diese Bestätigung nicht mehr. Frauen mit einer solchen abgeleiteten Identität rivalisieren viel deutlicher – und auch verzweiflungsvoller – als Frauen mit einer originären Identität, die viel schwesterliche Solidarität aufbringen.

*

Männer, die sehr ausgeprägt mit einer positiven Vaterbindung ausgestattet sind, die sehr gern das erfüllen, was die Väter von ihnen erwarten, damit sie weiterhin akzeptiert werden, bleiben gute Söhne. Sie können aber auch sehr gepackt werden von der Faszination der Liebe und der Lust, die in ihrem Vatersystem meistens fehlen. Sie können dann überaus romantisch sein, können das auch ungeheuer genießen, weil sie es noch gar nie erlebt hatten. Sie fangen etwa an, Gedichte zu schreiben an ihren Büroschreibtischen.

Plötzlich aber befällt sie eine furchtbare Angst, sie könnten Müßiggänger werden. Sie werfen sich unvermittelt vor, zu viele Lustfahrten gemacht zu haben. Soviel Lust kann nur ins Verderben führen. Dann ist alle Romantik weg, die Gedichte schreiben sie einmal, wenn sie pensioniert sind, oder noch später. Dann wird wieder geschuftet, dann sind sie wieder angepaßt, dann geraten sie unters Joch. Sogar die Beziehung, die zuvor soviel Aufbruch versprochen hatte, wird plötzlich zu einem Joch, zu einer harten Arbeit. Die Beziehung wird dann außerordentlich schwierig: Der Mann ist ganz verändert.

*

Mit Entwertungsstrategien wollen wir uns schützen vor Neid, vor Beunruhigung, vor Konflikt. Das Problem, das diese Strategien mit sich bringen, ist, daß wir uns eine total entwertete Umwelt schaffen und auch unsere Beziehungen entwerten. Niemand und nichts ist etwas wert, und wenn wir davon ausgehen, daß eine gewisse Akzeptanz auch von außen für Menschen unumgänglich ist für ein gutes Selbstgefühl, dann heißt das, daß wir nur noch von entwerteten Menschen akzeptiert werden. Diese Akzeptanz ist dann natürlich auch nichts mehr wert. Indem wir die Umwelt entwerten, entwerten wir schleichend uns selbst.

*

Wir kennen solche Situationen: wenn starre Gesetze an die Stelle lebendiger Entwicklung treten, Gesetze, die Zeichen der Unsicherheit und der Angst sind, weil wir uns „fast etwas alt" fühlen, uns also positive schöpferische Veränderungen nicht mehr zutrauen und sie auch den Dingen nicht mehr zugestehen. Deshalb versuchen wir, mit den immer schon angewandten (untauglichen) Methoden die Probleme weiter zu verschleppen. Mit Macht versuchen wir also etwas festzuhalten, was sich nicht mehr von selbst am Leben hält, sich also dringend verändern müßte.

*

Wir sind immer dann neidisch, wenn wir gerne anders wären, als wir sind, wenn wir mit unserer Identität nicht einverstanden sind, wenn wir meinen, keine eigene Identität zu haben, auf die wir stolz sein können. Äußere Macht und Selbstsucht sollen dann die innere Leere, die mit dieser fehlenden Selbstakzeptanz und Selbsthilfe verbunden ist, zudecken.

*

Neid, Eifersucht und Rivalität entwickeln sich deutlich auf dem Boden des Habenwollens und des Behaltenwollens und nicht auf der Ebene des Sich-entwickeln-Wollens. Die irreführende Idee steht dahinter, daß der Mensch ein gutes Selbstwertgefühl hat und sich wohl fühlt, wenn er etwas besitzt, was er sein eigen nennen kann. Die Idee, daß der Mensch ein besseres Selbstwertgefühl hat, der immer wieder neue Situationen im Leben sich erschaffen kann, der sich immer wieder neu auf eine Beziehung – mit allen Krisen – einlassen kann, Menschen auch immer wieder für sich interessieren kann, müßte dringend verbreitet werden. Allerdings fordert uns dieser Lebensstil viel „Arbeit" und viel Entwicklung ab – und er fordert uns heraus, uns immer wieder mit den falschen Vorstellungen, die wir uns von uns machen, zu konfrontieren.

*

Neiderreger und Neiderregerinnen erinnern uns daran, daß es Elemente des Selbst gibt, die zu realisieren wichtig wäre für die Entwicklung unseres wahren Selbst. Gestehen wir uns den Neid ein, dann kann sich langsam, in der Auseinandersetzung mit dem Neiderregenden, herauskristallisieren, welcher Selbstanteil bei uns zur Entwicklung ansteht. Können wir diesen Anteil entwickeln, werden wir weniger selbstsüchtig, werden wir in der Folge auch weniger neidisch.

Es geht keineswegs darum, das Beneidete einfach zu kopieren und in unser Leben zu übertragen. Neiderreger und Neiderregerinnen können durchaus auch Menschen sein, die besonders gut die Werte verkörpern, die in einer Gesellschaft angestrebt werden. Diese Werte müssen nicht notwendigerweise zu unserem wahren Selbst gehören, der Neid auf solche Werte kann uns aber darauf hinweisen, daß wir gerne besser integriert und angesehen wären.

Neiderreger und Neiderregerinnen können uns aber auch darauf hinweisen, daß wir unser Selbstkonzept überdenken müssen, daß unsere Ideale zum Beispiel nicht mit den realen Möglichkeiten übereinstimmen oder daß unsere Vorstellungen, die aus der Kompensation eines problematischen Selbstwertgefühls entstanden sind, uns in einen Zirkel des Versagens vor uns selbst hineinführen. Sie können uns auch darauf hinweisen, daß diese Kompensationen, die zur Gewohnheit geworden sind, gar nicht mehr notwendig sind, weil unser Selbstwert unterdessen viel besser geworden ist.

*

Eifersucht hängt wenig mit Liebe zusammen, obwohl wir dort eifersüchtig werden, wo wir überzeugt sind, geliebt zu haben, wo uns jemand oder etwas wichtig ist. Ob das allerdings Liebe ist, ist fraglich. Der sehr Eifersüchtige ist selten ein Mensch, der liebt, sondern er ist meist ein Mensch, der vor allem geliebt werden muß, der von außen bestätigt haben muß, daß er liebenswert und daß er wichtig und bedeutsam ist. Verweist der Neid auf einen Mangel in unserer Selbstentfaltung und auf die notwendige Korrektur in unserem Selbstbild, so die Eifersucht auf einen Mangel im Selbstwert, auf das Fehlen der Überzeugung, grundsätzlich ein liebenswerter Mensch zu sein, ein Mensch, der der Liebe anderer und der Selbstliebe wert ist.

*

Auffressen läßt man sich in der Regel, wenn man den Mitmenschen kein Nein entgegensetzen kann, sich wenig abgrenzen kann, weil man Angst hat, die Liebe der Mitmenschen zu verlieren und sich dann von ihnen getrennt zu fühlen. Dadurch verliert man die Autonomie, die angezeigt wäre. Man wird schuldig an der Lebensaufgabe, man selbst sein zu müssen.

*

Es ist wichtig für uns Menschen, daß wir unsere Verletzungen spüren, unsere Hemmungen kennen, uns auch unseren weniger glücklichen Gefühlen stellen. Es ist wichtig, daß wir um unsere Schwierigkeiten wissen, denn sie machen oft unsere Einmaligkeit aus – es sind ja oft die Fehler, die uns auszeichnen. Es ist auch wichtig, daß wir Leid und Unglück in unserem Leben sehen, fühlen und als uns zugehörig akzeptieren. Die Erinnerung an unser Leben soll so wahr wie möglich sein.

Aber es ist genauso wichtig, unsere Stärken zu kennen, die Oasen des Glücks zu sehen oder wiederzufinden, wahrzunehmen, wo sie in unserer Biographie angesiedelt sind, und damit zu wissen, daß wir uns auch freuen können, daß wir inspiriert sein und selbst inspirieren können, daß wir zu hoffen vermögen, trotz aller Schwierigkeiten in uns und in der Welt. Tun wir das nicht, dann identifizieren wir uns mit einem einseitigen Bild von uns selbst, das uns in der Position eines Menschen, der anderen oder dem Leben zum Opfer gefallen ist, fixiert: als Opfer der Eltern, Opfer der Lebensgeschichte, Opfer der Zeitumstände …

Wir sind aber nicht nur Opfer, wir können auch selbst gestalten, handeln, und wir kennen alle solche Zeiten in unserem Leben – mögen sie auch kurz sein –, in denen wir uns lebendig, zufrieden mit uns selbst, im Einklang mit der Welt gefühlt haben. Wir sind auch freudefähig.

Autonomie – Mut zur Unsicherheit

Autonomie gewinnen hat immer auch etwas mit einer schrittweisen Erlösung zu tun: Was gebunden ist, wird in die Freiheit hinausgegeben.

Autonomiestreben bezieht seinen Wert aus einem Denken, das dem Individuationsprinzip verpflichtet ist: Jeder Mensch hat eine bestimmte Aufgabe, die er erfüllen muß, die in seinem Leben angelegt ist, also letztlich sein Schicksal ist. Um diese *seine* Aufgabe erfüllen zu können, muß er sich immer wieder aus den notwendigen Abhängigkeiten, die ja immer auch eine Lebenshilfe bedeuten, lösen und sich aus ihnen herausentwickeln.

*

Um autonomer werden zu können, braucht es manchmal viel List, nicht nur der Umwelt, sondern auch sich selbst gegenüber: Immer wieder muß man voraussehen, wo man sich wieder um Autonomieschritte drücken möchte, wo man sich versitzen möchte und einem andern die Schuld dafür gibt. Immer wieder muß man sich überlisten, damit man trotz aller Ängste und Enttäuschungen sich wieder auf den Weg macht.

Grundsätzlich gehört es zu jedem Schritt in Richtung größerer Autonomie, daß wir eine Bindung, damit eine Sicherheit, aber auch eine Einengung, verlassen und in eine Unsicherheit, in eine Orientierungslosigkeit hineingeraten, die mit mehr oder weniger Angst verbunden ist. Der eine kann sich besser mit Unsicherheit, mit unübersichtlichen, mit undurchsichtigen Situationen abfinden, besonders dann, wenn auch eine Neugier damit verbunden ist, was denn jetzt das Leben eigentlich mit einem vorhabe; der andere kann schlechter damit umgehen. Unter anderem ist das Damit-umgehen-Können auch abhängig davon, wie oft man sich schon einer solchen unsicheren Situation gestellt hat, in der man nicht wußte, wie es weitergehen könnte. Ob man also schon gelernt hat, daß es doch immer wieder weitergeht.

*

Die Notwendigkeit des Sich-trennen-Müssens und des damit immer mehr auch Man-selbst-werden-Müssens wie auch die damit verbundene Trennungsangst, die überwunden werden muß, sind Themen, die unser Leben begleiten.

*

Solange wir uns an die tradierten Werte und Haltungen anlehnen, sind wir zwar einigermaßen sicher oder meinen es zumindest zu sein, aber wir sind nicht wirklich autonom, denn diese tradierten Werte stimmen ja nicht unbedingt mit den Werten, die für die eigene Persönlichkeit gelten, überein. So müssen diese Werte und Haltungen auch überprüft werden, und das tut man meistens, indem man zunächst einmal die Situationen verläßt, in denen sie gelten.

*

Daß Autonomie und das Streben nach Autonomie im menschlichen Leben eine Rolle spielen, zeigt sich darin, daß Selbstbehauptung und Abhängigkeit, Individuation und Beziehung, Selbstbestimmung und Fremdbestimmung – und damit die Frage der Verantwortlichkeit – Themen sind, die uns tagtäglich beschäftigen, existentiell, emotionell – und natürlich auch gedanklich. Autonomes Handeln ist begleitet von Gefühlen des Selbstbewirkthabens, des Schuldigseins, aber auch der Stimmigkeit. Mit dem Themenkreis der Autonomie ist die Thematik der Freiheit angesprochen, und die Freiheit ist immer erwünscht und bedroht.

*

Trennungen werden nie nur von einem der Partner ausgelöst und durchlitten, sie werden immer von beiden Seiten erlebt. Trennungen der erwachsenen Kinder von ihren Eltern sind Trennungsprobleme für den Adoleszenten *und* für die Eltern, sie bedeuten einen Anruf in neue Autonomie für *beide* Teile. Die Trennung wird natürlich von den beiden sich Trennenden anders erlebt, je nachdem, in welcher Lebenssituation sie stehen. So stehen dem Adoleszenten die Welt und das Leben offen – so phantasiert er zumindest –, während die Eltern sich auf die Phase des Älterwerdens einrichten und auf die Anregungen, die die jungen Menschen ins Haus gebracht haben, verzichten müssen. Sie gewinnen natürlich die Chance, sich neu bei sich selbst und in der Partnerschaft einzurichten, die eine neue Wichtigkeit bekommt. Daher ist die Trennung für den, der „zurückbleibt", meistens schwieriger durchzustehen; erlebt wird sie aber von beiden – beide Teile möchten sie auch meistens vermeiden, weil damit ein Verlust von Sicherheit durch Gewohnheit verbunden ist.

*

Nicht nur in den Beziehungen spielt Autonomie eine Rolle: Wir wollen auch von unseren eigenen Komplexen, von unseren eigenen Trieben nicht so stark bestimmt werden, wir wollen auch eine Autonomie – soweit das möglich ist – unserem Unbewußten gegenüber erreichen, das ist das Ziel des Bewußterwerdens. Damit möchten wir aber auch Angst vermeiden, denn alles, was wir nicht durchschauen können, was uns bedroht und uns daher hilflos macht, macht uns zugleich angst. Auf einer dritten Ebene wollen wir auch dem gegenüber autonom werden, was wir gelernt haben, gegenüber den gültigen Regeln zum Beispiel oder den übernommenen Weltanschauungen.

*

Autonomer zu werden ist zweifellos gefordert, als Ideal und als Anspruch unseres Lebens an uns. Da Autonomie in jeder Form aber immer auch mit Sich-Unterscheiden und Trennung von einem andern verbunden ist, damit aber mit Verlust, mit Schuldgefühlen von der einen, mit Gekränktsein von der andern Seite, mit Trennungsängsten von beiden Seiten, versuchen wir auch, sie zu vermeiden.

*

Sehnsüchte sind wesentliche Elemente auf dem Weg zur Autonomie, Sehnsüchte ziehen uns hinaus aus dem Gewohnten, lassen uns nicht verzagen, wenn wir eine Durststrecke durchlaufen. Können wir uns wieder von einer Sehnsucht erfassen lassen, auch wenn diese Sehnsucht noch sehr von der Atmosphäre und der Lebensstimmung, aus der wir kommen, geprägt ist, dann gewinnen wir den Mut, den es braucht, um in das Unbekannte hinauszugehen.

*

Es geht niemals in der Entwicklung des Menschen nur um Autonomie, es geht um die Polarität von Geborgenheit und Autonomie.

*

Die Entwicklung zu mehr Autonomie geht dahin, daß die Seiten, die ausgespart worden sind, ins Leben hereingeholt werden.

*

Wie jeden Komplex zeichnet auch den Ichkomplex ein Entwicklungs- und ein Hemmungsthema aus. Das Entwicklungsthema wäre in der Entwicklung zu mehr Autonomie wahrnehmbar: in der Selbstverwirklichung, im Selbstausdruck, im wachsenden Selbstbewußtsein, in der Fähigkeit, Selbsterhaltung zu praktizieren, und im Eingehen des Risikos, immer mehr zu sich selbst in Beziehung zu treten. Das Hemmungsthema wäre demgegenüber im Zusammenhang mit Fremdbestimmung zu erkennen, und zwar von außen durch soziale Strukturen sowie konkrete menschliche Beziehungen und von innen durch abgespaltene Komplexe.

Oft ist schwer zu sagen, ob wir eigentlich von außen fremdbestimmt sind oder von innen, weil diese abgespaltenen Komplexe sich projiziert vorfinden und wir deshalb häufig den Eindruck haben, von außen absolut fremdbestimmt zu sein. Bei einem solchen Gefühl ist es sicher sinnvoll abzuschätzen, was an eigener psychischer Schwierigkeit auf die Außenwelt projiziert wird. Das heißt aber nicht, daß wir die Zwangsstrukturen in unserer Gesellschaft nur als Komplexwahrnehmungen deklarieren können. Sie sind wahrzunehmen und zu verändern, vergleichbar den Zwangsstrukturen in unserer Psyche.

*

Es stellt sich natürlich die Frage: Was ist der Sinn dieser Autonomie, dieses immer mehr Autonomwerdens? Geht es nun darum, daß ein Mensch sich selber verwirklichen kann, daß der Individuationsdrang – der ja nach Jung ein Trieb ist – befriedigt wird, oder wird durch diesen Autonomiedrang auch kollektiv etwas verändert? Wird für die Entwicklung der Menschheit etwas verändert, in dem Sinne etwa, daß mehr Lebensmöglichkeiten, mehr Möglichkeiten des Handelns und Denkens zustande kommen oder neue Formen der Beziehung, die weniger auf Macht und Ohnmacht gründen, sondern auf mehr Partnerschaft?

*

Autonomer zu werden ist ein Prozeß, der ein Leben lang dauert. Wir werden, da Autonomie so viele Ebenen berührt, nie autonom sein, sondern immer nur mehr autonom als bisher. Es ist daher richtiger, wenn wir von Autonomie *und* Abhängigkeit sprechen, uns sehen als Menschen, die immer in einem Feld von genauer zu umschreibender Autonomie und damit verbundener Abhängigkeit sich bewegen müssen. Letztlich geht es wohl darum, das für uns jeweils stimmige Verhältnis von Autonomie und Abhängigkeit zu finden, von Autonomie und neuer Bezogenheit.

*

Zuviel Autonomiestreben kann einen auch überfordern, es gibt Dinge, die man mit dem eigenen Willen nicht durchsetzen kann, bei denen alle Anstrengung vergeblich ist. Und dennoch scheint mir gerade diese Anstrengung, auch das Unmögliche zu versuchen, Voraussetzung dafür zu sein, daß Hilfe von anderer Seite sich konstelliert. Es geht darum – bei allem Selbermachen-Wollen – zu erkennen, wo die Grenzen der eigenen Kräfte liegen, und diese zu akzeptieren. Es geht aber auch darum anzuerkennen, daß gewisse Dinge einem unverdient zukommen, wenn man tut, was in den eigenen Kräften liegt.

*

Es stellt sich die Frage, ob das allenfalls eine Gesetzmäßigkeit ist: daß wir dann, wenn wir von einem Entwicklungsdrang aus unserer Tiefe bestimmt werden, weniger abhängig von den äußeren Normen sind, also leichter uns in die Autonomie hineinentwickeln können.

*

Es ist natürlich sehr wichtig, daß wir auch die kindlichen Seiten in uns leben, denn sehr oft sind das unsere schöpferischen Seiten, die die Zukunft in sich enthalten. Es geht aber darum, das Kindliche im richtigen Zeitpunkt zu leben, dann, wenn es angebracht ist, und nicht nur dann, wenn uns das Erwachsensein zu mühsam ist.

Immer dann, wenn der Mutterkomplex übermächtig wird, fallen wir wieder in die Rolle des Kindes zurück, geben wir einen Teil der hart erworbenen Autonomie auf. Das kann sich negativ auswirken, indem wir dabei die Verantwortung aufgeben, es kann sich aber auch positiv auswirken, weil wir dann nicht vom Ichbewußtsein her unser Leben bestimmen, sondern von einem Größeren getragen sind. Die Frage ist jeweils, was in dieser Situation lebensfördernder ist: autonom zu handeln oder sich letztlich einem tragenden Urgrund zu überlassen in der Hoffnung, daß aus der erlebten Geborgenheit ein neues Lebensziel sich herauskristallisieren wird.

Krisen als Wendepunkte

> Natürlich lassen wir nicht gerne los,
> lassen wir nichts gerne sterben, was uns noch lieb ist.
> Aber gerade dann bleibt das Leben lebendig,
> wenn wir auch immer wieder etwas sterben lassen.

Daß wir verwurzelt sind, in mannigfacher Weise und durchaus auch in unterschiedlicher Art, je nach unserer Lebensgeschichte, wird uns dann bewußt, wenn wir die uns so selbstverständlich gewordenen Wurzeln verlieren, wenn wir uns etwa entwurzelt vorkommen, weil wir den Wohnort, die Arbeit, die Beziehungspersonen gewechselt haben und uns plötzlich in neuen Situationen zurechtfinden müssen. Manche Wurzel wird unwichtig, manche kappen wir selbst im Laufe des Lebens, weil wir uns verändern möchten, weil wir eine neue Beziehung haben möchten, weil uns die alte Weltanschauung zu eng geworden ist. Und immer erleben wir dabei eine Zeit der „Wurzellosigkeit".

Es ist eine Zeit der Unruhe, der Unsicherheit, des Suchens und damit der Angst, in der uns sehr bewußt wird, was wir hinter uns gelassen haben, was wir verloren haben. Indem wir trauern, spüren wir, daß wir etwas verloren haben, das für uns einen Wert dargestellt hat; indem wir die komplexen Gefühle der Trauer zulassen, lösen wir uns auch von der alten Verwurzelung ab und sind bereit, uns wieder neu zu verwurzeln. Trauern wir nicht, können wir nicht richtig Abschied nehmen, dann bleiben wir leicht „unverwurzelt" zurück, wir bleiben in einer Übergangssituation stecken: Die alte Situation gibt es nicht mehr, die neue mag man nicht mitgestalten, man traut ihr nicht.

*

Ob eine Krise zu einer Chance für ein neues Erleben unserer Identität werden kann, ob wir aus einer Krise mit neuen Verhaltensmöglichkeiten, neuen Dimensionen des Selbst- und Welterlebens hervorgehen, vielleicht sogar mit neuen Sinnerfahrungen und mit dem Bewußtsein, kompetent geworden zu sein im Umgang mit dem Leben, diesem Leben also nicht länger einfach ausgeliefert zu sein: Das hängt wesentlich davon ab, ob wir die Krise als eine Lebenssituation zu sehen vermögen, in der für unser Leben existentiell Wichtiges sich ereignet und entscheidet, oder ob wir die Krise nur als lästiges Beiwerk des Lebens sehen, das wir so rasch als möglich vergessen wollen. Zu wissen, daß jede Krise eine grundsätzliche Wandlung herbeiführen kann, ist wesentlich.

*

Jedem Menschen stellen sich immer wieder neue Lebensprobleme, die er zunächst mit den erlernten „alten“ Erfahrungskategorien und den gewohnten Problemlösestrategien zu fassen und zu lösen versucht. Neue Lebensprobleme stellen sich uns als Folge unseres immer fortschreitenden Lebensalters; so kennen wir die Entwicklungskrisen, die mehr oder weniger dramatisch verlaufen können, von der Pubertätskrise bis hin zur Alterskrise. Wir kennen aber auch die Krisen, die uns aus Anforderungen, denen wir uns nicht gewachsen fühlen, erstehen. Meist sind wir der Ansicht, daß diese von außen stammen: berufliche Anforderungen, Forderungen der Familie, Umzüge, Pensionierung … Die Anforderungen, die von außen kommen, können auch deshalb so dringend, so überfordernd werden, weil wir im Blick auf sie von uns selbst zuviel verlangen. Diese Anforderungskrisen stehen natürlich im Zusammenhang mit gesellschaftlichen Entwicklungen und Bedrohungen im großen Rahmen. Schließlich erleben wir auch Verlustkrisen in ihren mannigfaltigen Formen, Verluste durch Tod, durch Trennung, durch Veränderung des eigenen Körpers, durch Krankheit, durch Alter; schwer wiegt auch der Verlust der Arbeit.

*

Es liegt im Wesen der Krise selbst, in ihrem Wesen als Einengung und Zuspitzung, daß ein Durchbruch ansteht: Neue Lebensmöglichkeiten und Qualitäten des Erlebens werden erfahrbar, eröffnen sich dem Menschen in der Krise, oder aber es erfolgt ein Zusammenbruch, allenfalls wird der Tod als Ausweg gesucht.

Da in dieser emotionellen Situation der Bedrängnis sich das Leben auf ein Hauptproblem sozusagen konzentriert, das sowohl ein Hemmungs- als auch ein Entwicklungsthema trägt, wird das Lebensthema, das zur Bearbeitung ansteht, das integriert werden muß, samt den damit verbundenen Problemen, unverstellter erlebt als in Situationen weniger großen Druckes.

*

Gerade darin liegt eine Chance der Krise: Unsere Konflikte, unsere Komplexe, aber auch die damit verbundenen Kräfte, die schöpferischen Möglichkeiten, die darin gebunden sind, treten viel offener – durch wesentlich weniger Abwehr verschleiert – zutage als während der Zeit davor und der Zeit danach.

*

Ein Umbruch hat gleichzeitig zwei Bewegungen in sich: Es geht um ein Aufbrechen wie auch um ein Abbrechen, und viele Lebensbereiche sind von dieser plötzlichen Veränderung betroffen. Das Aufbrechen von neuen Lebensmöglichkeiten erfüllt uns mit Hoffnung und Freude, mit Euphorie, das Abbrechen von Vertrautem erfüllt uns mit Angst und Trauer.

*

In Umbruchsituationen wird unsere Identität einer Zerreißprobe unterworfen: Das Alte gilt nicht mehr, das Neue fasziniert zwar, ist aber noch nicht faßbar, und darüber hinaus wissen wir nicht, ob das Neue nur neu oder auch lebenswert ist. Das ist typisch für Übergangsphasen, und dieses Erleben löst eine diffuse Angst aus. Dieser Angst muß man sich stellen, das Risiko muß man auf sich nehmen. Verdrängen wir die Angst, jammern wir immer nur dem Vergangenen nach und verpassen dabei die Zukunft. Wir sind dann unlebendig, wir können die anstehenden Probleme nicht lösen, die andrängenden Entwicklungen nicht aufnehmen. Verdrängen wir die Angst, so erliegen wir einer generellen Angst vor Veränderung, die sich darin zeigt, daß man darauf beharrt, daß es so schon weitergehen kann, daß sicher kleinere Veränderungen nötig sind, daß man aber schon immer einen Weg gefunden hat …

Eine generelle Verdrängung der Angst führt dazu, daß nicht wahrgenommen wird, daß vielleicht eine grundsätzliche Veränderung des Lebens ansteht. Man arbeitet dann unter Umständen hart an den Problemen von gestern und übersieht die von heute.

*

Eine neue, psychosomatische Sichtweise beginnt sich durchzusetzen in dem Sinn, daß man damit rechnet, daß Körper und Seele einander beeinflussen, daß seelischer Schmerz auch körperliche Krankheiten verursachen kann, aber auch, daß Umweltfaktoren eine Rolle spielen. In dieser Sichtweise ist nun der Körper nicht mehr einfach eine Maschine, die man bei Krankheit zum Arzt trägt. Der Körper bleibt auch in der Krankheit *mein je eigener Leib,* mit dem ich in meiner Umwelt lebe, dem ich einiges zumute. In meiner Krankheit ist meine jetzige Existenz mit ausgedrückt. Über die Krankheit können wir mit uns selbst ins Gespräch kommen, mit Anteilen von uns, die uns zunächst recht fern sind. Die Krankheit ist ein Teil unserer Existenz, die existentielle Erfahrung, durch die wir mit unserer Vergänglichkeit, mit dem Tod konfrontiert werden.

*

So positiv es ist, wenn wir Menschen auch unsere Krankheiten in die Verantwortung nehmen, sie als Anruf des Lebens verstehen, um ein besseres Gleichgewicht zu schaffen oder uns mit der Tatsache des *Sterbenmüssens* auseinanderzusetzen, des *Abschiedlich-existieren-Müssens:* Die Kehrseite der Verantwortung sind die *Schuldgefühle.*

Mir begegnen zunehmend Menschen, die bewußt mit ihrem Körper leben. Sie betrachten ihn nicht als Galeerensklaven, dem sie alles abverlangen, ohne etwas zu geben, sie nehmen Ausdrücke des Körpers wahr und an, versuchen auch, ihr Leben etwas weniger körperfeindlich als üblich zu gestalten. Sie versuchen zudem, ihre psychosozialen Probleme zu lösen, sind „umweltbewußt". Nun werden sie natürlich trotzdem ab und zu krank. Auch sie bekommen ihre Grippe, verstauchen sich einen Fuß. Bereits diese Bagatellerkrankungen lassen sie fragen, was sie denn jetzt wieder falsch gemacht hätten in ihrem Leben. Die Krankheit erscheint als Fehler, den man hätte vermeiden können, hätte man psychisch weniger Fehler gemacht.

Die Verantwortlichkeit wird hier nicht darin gesehen, wie man mit diesen Gleichgewichtsstörungen *umgeht,* sondern darin, wie man sie überhaupt *vermeidet.* Gelingt dies nicht, dann kommen Schuldgefühle auf. Man ist dem Anspruch, Leben ganz und gar optimal zu gestalten, nicht gerecht geworden.

*

Wir müssen verantwortlich mit uns und unserem Leben umgehen, gleichgültig ob sich ein Konflikt psychisch, physisch, sozial oder im Umgang mit der Umwelt zeigt. Schuldgefühle weisen vor allem darauf hin, daß wir uns verantwortlich mit der jeweiligen Lebenssituation auseinanderzusetzen haben, und weniger darauf, was wir wieder falsch gemacht haben und warum. Hinter diesem Fragen steckt nämlich letztlich die Idee, daß man dann, wenn man immer alles richtig machen würde, ein Leben ohne Krankheit und ohne Tod leben könnte.

*

Es gibt so etwas wie altersspezifische Komplexe: So wird etwa in der mittleren Lebensspanne (von 40 bis 55) Tod als Komplex erlebt, allenfalls auch das Altern. Da reagieren Menschen, die sich zuvor recht ruhig mit Älterwerden und Sterbenmüssen beschäftigt haben, auch nicht geflohen sind, wenn solche existentielle Situationen auf sie zukamen, übertrieben mit Ängsten, mit Depressionen. Dieser Komplex wird erst jetzt existentiell erlebbar und muß dem Bewußtsein verbunden werden.

*

Was bis jetzt war, bekommt angesichts eines möglichen nahen Todes eine neue Bedeutsamkeit. Gerade das Gefühl, daß auch schon das, was war, wesentlich war, läßt die Betroffenen offen werden für die Zukunft: für den Tod oder für das Leben.

Das ist im wesentlichen die Charakteristik der Phase, die ich in Anlehnung an die Trauerphasen die „Phase des neuen Selbst- und Weltbezugs“ nenne. Die Menschen lernen, was „abschiedlich leben“ bedeutet, nämlich so zu leben, als müßte man immer damit rechnen, daß man auch Abschied nehmen muß von diesem Leben, und gerade angesichts dieser Abschiedlichkeit so intensiv wie immer möglich zu leben. Nun müßten wir Menschen natürlich immer abschiedlich leben, aber bei Menschen, die durch eine Krankheit bedroht sind, ist dieser Aspekt im Bewußtsein präsenter als bei anderen Menschen.

*

Jemanden zu verlieren, auch durch den Tod zu verlieren, bedeutet immer auch, daß man sich wieder auf sich selbst zurückbesinnen muß. In einer Beziehung gibt es wohl so etwas wie ein Beziehungs-Selbst, das aber niemals alle Aspekte des eigenen Selbst mitenthalten kann. Stirbt ein Partner, dann muß man sich wieder auf das eigene Selbst zurückorganisieren; das ist die Funktion der Trauerarbeit. In diesem Sich-Zurückorganisieren, in diesem Sich-Zurückbesinnen auf das eigene Selbst liegt auch eine große Chance: Jetzt wird es wiederum möglich, sich zu überlegen, was denn wirklich die ureigenste Aufgabe eines jeden ist, was denn der Individuationsweg von einem will.

Eine neue Beziehung eingehen, nachdem man verlassen worden ist, kann dann zum einen real bedeuten, daß man sich wieder aufs Leben einläßt, auch wenn es diese grauenvollen Verlusterlebnisse enthält, die man ja nun am eigenen Leib erfahren hat, daß man akzeptiert, daß der Tod zum Leben gehört. Eine neue Beziehung eingehen kann aber auch, symbolisch verstanden, besagen, daß wir uns nun mit einem neuen Aspekt von uns selbst, mit einer neuen Neigung, einer neuen Faszination zu befassen haben.

Jeder Verlust birgt in sich die Chance eines Neuanfangs, und dieser Neuanfang bietet auch die Möglichkeit, unsere Autonomie weiterzuentwickeln.

*

Der Trauerprozeß ist der Prozeß, der uns von einem Menschen, den wir verloren haben, ablöst und uns wieder dazu bringt, unser Leben zu leben. Die Ablösung soll so erfolgen, daß das, was in der Beziehung zu diesem Menschen gelebt worden ist, nicht verlorengeht, sondern gleichsam mit ins Leben herübergenommen werden kann. Trauerprozesse ereignen sich bei Verlust eines uns nahestehenden Menschen, bei Trennung von einem Menschen, der uns etwas bedeutet, aber auch bei der altersgemäßen Ablösung der Kinder von den Eltern und der Eltern von den Kindern, bei Verlust der Arbeit. In den Grundzügen verläuft dieser Trauerprozeß immer wieder ähnlich, da er gleichsam als Naturprozeß anzusehen ist, der sich bei allen Menschen ereignet und der oft von Träumen begleitet wird.

*

Wenn Trauernde versuchen, so wahrhaftig als möglich zu erinnern, herauszufinden, was diese Lebenszeit, die jetzt vorbei ist, in ihnen geweckt hat – an Wertvollem, aber auch an Lebenshinderndem –, wird gleichzeitig auch der Blick frei auf das, was in Zukunft möglich sein wird, worauf man sich freuen kann.

*

Konsequenz eines Trauerprozesses ist es, sich selbst anzunehmen in der Endlichkeit – im Sich-Irren –, erst dann ist man frei für neues Gestalten, kann man schöpferisch mit den Problemen umgehen, die anstehen.

*

Verluste jeder Art sind die Hauptauslöser von Krisen. Der Verlust eines nahestehenden Menschen löst eine ganz besondes existentielle Krise aus. Durch einen solchen Verlust wird die eigene Identität erschüttert, man versteht sich nicht mehr in seinem Selbsterleben, man versteht aber auch die Welt nicht mehr. Im Prozeß des Trauerns müssen wir uns von einem Gemeinschafts-Selbst, das wir mit einem geliebten Menschen aufgebaut haben, wieder auf unser individuelles Selbst zurückorganisieren.

*

Wir müssen trauern, das heißt, genau hinsehen, was war, und letztlich auch die Sehnsucht nach der Vergangenheit opfern.

*

Verweigern wir uns dem Trauerprozeß, sind wir von den lebendigsten Gefühlen abgeschnitten, wir werden depressiv, und bei uns in Mitteleuropa wehrt man die Depression sehr leicht submanisch ab, das heißt: Man wird sehr geschäftig, sehr tüchtig, nicht so sehr aus Freude an der Leistung als darum, nicht depressiv zu werden. Auch das stabilisiert den Selbstwert für eine gewisse Zeit.

*

Menschen in der Krise treten in Kontakt mit ihrer Krise, indem sie auch zu einem Menschen wiederum in Kontakt treten. In der wiedergewagten Öffnung zu einem Menschen hin gelingt es, die Einengung, die der Krise eigen ist, schrittweise aufzuheben. Damit aber haben wir die Möglichkeit, das Entwicklungspotential, das in der Krise ins Leben drängt, zu entbinden.

*

Es scheint mir durchaus uns Menschen gemäß zu sein, daß wir viele Impulse, die an uns ergehen, nicht aufnehmen können. Dennoch ergeht in unseren Krisen immer wieder der Anruf des Lebens an uns, uns neu zu öffnen, uns neu an unsern innern Möglichkeiten zu orientieren, um äußere Probleme kompetenter lösen zu können. Meistens erfolgt dieses Uns-Öffnen über die Beziehung zu einem Menschen, der mit uns sich von der Krise betreffen läßt: Krisensituationen beginnen sich produktiv zu öffnen, wenn wir uns in einer Beziehung einem Menschen aufschließen.

Öffnung nach innen

Es geht also um Ganzheit,
um ein Sich-Öffnen des Ichs für das Selbst,
ohne daß das Ich sich dabei verliert.

Auf den Wegen zur Autonomie muß man sich offenbar immer wieder entscheiden, wann man auf seine Autonomie pochen, wann man die Verantwortung wirklich übernehmen muß und wann man einfach warten muß, sich vertrauensvoll darauf verlassend, daß die Natur oder das Schicksal einem etwas zuwachsen läßt.

Der gute Rhythmus zwischen Eigenverantwortlichkeit, Übernahme von Verantwortung und Hingabe an das Innere scheint das Geheimnis eines gelingenden Weges zu sein. Der Mensch ist auch in seinem Autonomiestreben eingebunden in die Notwendigkeit bewußter Entscheidungen einerseits und das Angewiesensein auf Hilfe aus der Tiefe, auf Einfälle, Intuitionen andererseits. Dem entspricht auf dem Gebiet der Beziehungen das Eingebundensein in die Notwendigkeit des Selbstseins, des immer wieder Selbstwerdens und der Unvermeidlichkeit von Abhängigkeit.

*

Der schöpferische Prozeß beginnt damit, daß wir versuchen, mit alten Methoden ein Problem zu lösen, was aber nicht gelingt. Wir sammeln dann sehr viele Informationen, um doch noch eine Lösung zu finden. Irgendwann geben wir auf, weil wir wissen, daß dieses Vorgehen nicht zum Ziel führt. Die Inkubationsphase setzt ein. Wir verlieren die Konzentration, die Spannung; an die Stelle der bewußten Konzentration tritt das belebte Unbewußte; bewußt fühlen wir uns frustriert, ängstlich, unzufrieden, hängen Phantasien nach, die gehäuft auftreten, erinnern Träume. Diese Inkubationsphase kennen wir auch bei kleineren Entschlüssen: Wir haben plötzlich das Gefühl, überhaupt nicht mehr zu wissen, wie wir uns entschließen sollen, wir fühlen uns frustriert, ärgerlich über uns selbst, unser Gefühl des Selbstwerts sinkt bedenklich. Wir haben in der Alltagssprache Ausdrücke für diese Inkubationsphase, wir sagen etwa: „Es gärt in mir" oder: „Es rumort in mir, aber ich bin so entschlußlos, unproduktiv." Und plötzlich haben wir dann eine Idee, wie wir uns verhalten können.

*

Die Phase der schöpferischen Pause, in der ins Leben hereingeholt wird, was zuvor ausgeschlossen war, ist eine wichtige Phase innerhalb des Trennungsprozesses: Die entscheidende Ablösung ist bereits vollzogen, die alten Orientierungen sind damit zu einem größeren Teil ungültig geworden, eine neue Ausrichtung ist noch nicht in Sicht, man fühlt sich orientierungslos, man sucht ohne großes Resultat. Und irgendwann kann man nicht mehr, die bewußte Willensanstrengung reicht gerade noch so weit zu erkennen, daß man jetzt auf einen Wink des Schicksals angewiesen ist, auf eine gute Idee, auf einen rettenden Einfall. Diese Phase ist meistens verbunden mit einem Rückzug auf sich selbst, bei dem man sich pflegt, sich selbst in ein größeres Ganzes hineinbegibt und wartet, was daraus wird.

*

Das aktive Warten, bei dem man den Menschen eine Möglichkeit gibt, den schöpferischen Impuls aus dem Unbewußten zu entbergen, auf den man geduldig und erwartungsvoll hofft, wird noch immer gelegentlich mit dem passiven Warten, mit einem Sich-treiben-Lassen verwechselt. Da wird dann nichts entschieden, weil man nichts in die Verantwortlichkeit des Ichs nehmen will.

*

Im Wünschen erträumen wir uns eine Zukunft, die zutiefst mit unserem Wesen verbunden ist; und das ist wichtig, denn manche Wünsche kommen uns ja nicht in den Sinn, auch wenn wir sie nicht abwehren. Im Wünschen erschaffen wir uns eine Hoffnung und erhalten sie uns; im Wünschen drückt sich aus, daß wir an die Veränderbarkeit von Situationen glauben: Denn wenn wir keine Wünsche mehr haben, dann haben wir resigniert, sitzen wir fest. Das Wünschen ist wohl ein

Ausdruck des Kindes in jedem Menschen, und es gehört dann zum Erwachsenen in uns, diesen Wünschen, nachdem sie einmal wahrgenommen sind, auch kritisch gegenüberzustehen, das Mögliche vom Unmöglichen zu unterscheiden, gegeneinanderzusetzen und dadurch unsere Möglichkeiten auszuweiten.

Und noch etwas ist im Wünschen verborgen: die ganz tiefe Hoffnung, daß etwas Unvorhergesehenes sich ereignen kann, ohne daß wir etwas dafür tun, daß Veränderung möglich ist, die nicht vorhergeplant, nicht verdient ist.

*

Die Welt der Imagination ist eine Welt von anderen Möglichkeiten, die wir auch haben. In ihr drückt sich die menschliche Sehnsucht nach dem „Ganz Anderen" aus – letztlich nach dem Göttlichen – und auch unsere Möglichkeiten, das „Ganz Andere" zu erfahren und im Dialog damit auch zu gestalten.

*

Imagination steht im Zusammenhang mit der äußeren, erfahrbaren konkreten Welt, bildet diese ab, verändert unser Erleben und verändert dadurch wiederum diese äußere erfahrbare Welt. Auch wenn Imagination viel mit unserer „Innenwelt" zu tun hat, verliert sie dort, wo sie fruchtbar bleibt, nie den Kontakt mit der äußeren Welt, bleibt aber nicht dieser äußeren Welt verhaftet, sondern transzendiert sie.

Die Freude löst Selbstvertrauen aus, Akzeptanz von uns selbst und der Welt; sie ist die Emotion des Sich-Öffnens, des Sich-Entgrenzens, des Sich-Transzendierens, die gesteigerte Vitalität mit sich bringt. Sie beruht auf einem stimmigen Erleben von Körper, Seele, Mitwelt und Umwelt, und zwar im Aspekt der Mehrung, offen für die Zukunft, vertrauensvoll. Wir müssen die Freude wahrnehmen, uns Zeit nehmen für sie, damit wir uns auf sie besinnen können. Wir sind wir selbst, sind bei uns, auch sogar dann, wenn wir außer uns sind. Es geht also um Ganzheit, um ein Sich-Öffnen des Ichs für das Selbst (im Jungschen Sinne), ohne daß das Ich sich dabei verliert. Wir bleiben wir selbst, das Ich ist aber geöffnet im Modus der durchlässigen Grenzen.

*

Ekstase kommt und geht, unverfügbar.

Sowohl beim Rausch als auch bei der Ekstase verspüren wir ein hohes Maß an innerer Erregung. Die Ichgrenzen sind aufgehoben, das Unbewußte kann hereinbrechen. Das ist die Voraussetzung dafür, daß wir uns in einen anderen Menschen wandeln, die Möglichkeit, den Alltag zu transzendieren, was aber immer mit der Auflage verbunden ist, in die Alltagswirklichkeit zurückzukommen. Deshalb ist die soziale Einbettung der Ekstase oder ihre rituelle Gestaltug so sehr wichtig: Während unsere Ichgrenzen aufgehoben sind, kann uns ein strukturiertes Netz von Menschen oder auch die Struktur eines Rituals die Ichstruktur ersetzen. Es gilt auch umgekehrt: Wenn wir uns in einem Netz von Menschen gehalten, in Ritualen eingebunden wissen, dann müssen wir uns nicht um unser Ich sorgen und können uns den Kräften der Inspiration und Ekstase wesentlich sorgloser überlassen. Da wir heute in der religiösen Praxis solche kollektiven Rituale, die auch Ekstase zulassen würden, nur wenig noch kennen und pflegen, sind wir eher dazu geneigt, die Ekstasen zu privatisieren, wie es beispielsweise in der Drogensucht geschieht, und da können sie im wahrsten Sinne des Wortes tödlich werden.

*

Das Lebensgefühl, das die Inspiration begleitet, ist ein Gefühl des Ergriffenseins und des Betroffenseins von etwas, das größer ist als wir selbst. Jetzt handeln wir nicht mehr aus der Identifikation mit dem Größenselbst heraus. In solch einer Situation sagen wir nicht von uns, wir hätten etwas ergriffen oder wir brauchten nur zuzugreifen, dann komme alles, wie wir es uns wünschen, sondern: Wir sind von etwas ergriffen worden, wir selbst können es nur beschreiben, gestalten, aufgreifen, und durch dieses Aufgreifen erhalten wir die Kraft zum Handeln, zum Gestalten, und wir gestalten die Sache und damit auch uns selbst. Das vermittelt ein Gefühl von Sinn.

*

Inspiration erschöpft sich nicht in einem Gefühl der Lebendigkeit, Inspiration heißt mehr, nämlich mit einem tiefen Wissen vom Leben in Kontakt zu kommen, das über das hinausgeht, was im Moment bewußt ist. Diese Gabe wird als Weissagen, allenfalls auch als In-die-Zukunft-Sehen bezeichnet. Inspiration hat sehr viel mit Vision zu tun. Wenn man uns als Kindern unserer Zeit vorwirft, wir hätten keine Utopien und keine Visionen mehr, dann trifft das nur in dem Sinne zu, daß wir sie nicht mehr zuzulassen wagen, allenfalls noch im stillen, weil wir vielleicht zu sehr auf Weite hin angelegt sind und zuwenig auf Höhe und Tiefe. Doch nicht nur Visionen, diese Zukunftsbilder, die in uns eine Sehnsucht wecken, die auch unsere Lebendigkeit stimulieren, werden durch die Inspirationen belebt, sondern auch die Träume.

*

Der Wert einer Utopie erweist sich nicht darin, daß diese Utopie ohne Abstriche im Alltag realisiert werden kann, sondern darin, wie viele Menschen diese Utopie in Bewegung gebracht hat, wieviel geistige Anregung von ihr für uns und andere ausgegangen ist. Die Welt der Phantasie, die Welt der Symbole hat immer Dimensionen, die nicht einfach in den Alltag übertragen werden können, sie gehen über unsere Welt hinaus, ihre wesentliche Funktion liegt gerade auch in ihrer Wirkung, uns aus dem Alltag wegzuziehen.

*

Wann immer wir mit Symbolen in Verbindung treten, treffen wir auf eine aktuelle existentielle Situation. Es gehört nun ganz wesentlich zur Tiefenpsychologie, daß diese aktuelle existentielle Situation, diese alltägliche Wirklichkeit, mit der sie es zu tun hat, immer auch auf ihre Bedeutung und auf einen Sinnzusammenhang hin befragt wird. Diese symbolische Sichtweise korrespondiert mit einem Menschenbild, das die alltägliche Wirklichkeit des Menschen als in einem sehr großen Zusammenhang wurzelnd versteht – wobei das Hintergründige die alltägliche Wirklichkeit, die alltägliche Wirklichkeit auch die Hintergründe beeinflußt.

*

Symbolisieren heißt, den verborgenen Sinn, der in der konkreten Situation liegt, herauszufinden. Konkreter Alltag hätte dann immer auch eine hintergründige Seite und hätte auch immer mit uns selbst zu tun.

*

Beim Symbol sind also immer zwei Ebenen zu beachten: In etwas Äußerem kann sich etwas Inneres offenbaren, in etwas Sichtbarem etwas Unsichtbares, in etwas Körperlichem das Geistige, in einem Besonderen das Allgemeine. Wenn wir deuten, suchen wir jeweils die unsichtbare Wirklichkeit hinter diesem Sichtbaren und ihrer Verknüpfung. Dabei kennzeichnet das Symbol immer einen Bedeutungsüberschuß, wir werden seine Bedeutungen nie ganz erschöpfen können.

*

Unsere Seele stellt sich anders dar, wenn sie sich etwa in Bildern einer sprudelnden Quelle abbildet oder wenn sie sich an einem großen Meer phantasiert. In beiden Fällen kann eine große innere Lebendigkeit ausgedrückt sein: einmal im Erlebnis des An-der-Quelle-Sitzens oder vielleicht sogar darin, selber eine Quelle der Lebendigkeit zu sein, eine Quelle, die überschaubar ist, mit der man bedingt umgehen kann; im Falle des Meeres als der Teilhabe an einem geheimnisvollen Urgrund des Lebens, des Seins, das uns weit übersteigt, das uns hineinzieht in die Unendlichkeit des Daseins, in die ganz großen Rhythmen, an denen wir auch Anteil haben.

*

Mandalabilder – das können Kreisbilder sein mit einer sehr einfachen Struktur, es können aber auch sehr komplizierte Bilder sein – werden erfahrungsgemäß dann vor allem gemalt, wenn Menschen sich in einer inneren Unruhe befinden. Der Erlebnisprozeß, der vermittelt wird, ist der, daß es trotz allem Chaos ein Zentrum gibt, auf das man sich immer wieder beziehen kann, daß es eine Ordnung gibt, daß die Möglichkeit der Konzentration vorhanden ist. Betrachten wir den Hintergrund der Mandalabilder, dann wäre in jedem dieser Bilder auch ausgedrückt, daß der einzelne ins kosmische Leben einbezogen ist.

Das Entstehen solcher Mandalabilder ist Ausdruck eines psychischen Zentrierungsprozesses.

*

Da der Archetypus des Selbst der zentrale Archetypus ist, ist er von einer besonderen Emotion begleitet, einer Emotion der Ergriffenheit, der absoluten Sinnhaftigkeit, verbunden mit einem Lebensgefühl des selbstverständlichen In-sich-Stehens, und darin auch des Verbundenseins mit einem größeren Ganzen. Dieser Archetypus wird immer einmal wieder erlebt und bringt eine unverhoffte Zentrierung der Persönlichkeit. Archetypische Einflüsse dauern aber niemals an.

Therapie als Ermutigung zum schöpferischen Leben

Autonomer, beziehungsfähiger
und immer authentischer zu werden
ist das umfassende Ziel.

In der Therapie wird nicht einfach die frühe Kindheit wiederholt und repariert. Wesentlich ist es, daß ein Mensch da ist, der sich verläßlich auch auf sehr unangenehme Emotionen einläßt und versucht, diese zu verstehen und den Grund für ihr Vorhandensein auch dem Menschen verständlich zu machen, der sie hat und der sich dafür schämt. Dabei scheint es mir wichtig, daß man sich als Therapeut / als Therapeutin nicht einfach in einer verwöhnenden Rolle findet – im Sinn: „Dieser Mensch hat es immer so schwer gehabt im Leben, jetzt will ich ihm einmal viel Gutes tun" –, sondern daß man einen nährenden Mutterboden herstellt, indem man alle Gefühlsäußerungen sehr ernst nimmt und sie formuliert. Dazu ist eine emotionale Verläßlichkeit vonnöten und nicht unbedingt kontinuierliche Anwesenheit. Zur emotionalen Verläßlichkeit gehört, wie ich meine, daß wir – auch wenn wir als Personen angesprochen werden – zu unseren Gefühlen stehen, daß wir, wenn wir zum Beispiel ärgerlich sind und darauf angesprochen werden, zu diesem Ärgerlichsein stehen und nicht so tun, als wären wir bloß nachdenklich. Das würde bedeuten, daß man diese Menschen auch in ihrem Sozialbezug versichern muß, indem man ihnen bestätigt, die Emotionen, die sie wahrnehmen, seien richtig, oder, wenn sie nicht richtig sind, daß man sie korrigiert.

*

Wir haben oft deutliche Ideen, wie Leben zu sein habe, und weil es diesen Ideen nicht entspricht, sind wir nicht einverstanden damit, sehen auch das, was eigentlich ist, nicht. Es könnte sein, daß hier der Zustand erreicht ist, wo das Ich aus eigenem Antrieb und Willen heraus aufgibt und nun gestaltet werden kann, was aus den Wurzeln zum Licht drängt. Bedenken wir, daß das Ich und das Selbst sich gegenseitig fundieren, das Ich also das Selbst in die Welt inkarnieren muß, dann heißt das, daß vom Selbst die Anregung, die Lebensimpulse kommen, wenn ein Fluß zwischen dem Ich und dem Selbst stattfindet. Versteift sich nun das Ich auf etwas, dann kann unter Umständen die kompensatorische Funktion des Unbewußten nicht mehr stattfinden.

Erst in Situationen, wo das Ich keinen Ausweg mehr weiß, wenn es uns also sehr schlechtgeht, sind wir offen für etwas, was aus dem Unbewußten kommt. Es ist eine Situation von Tod und Wiedergeburt. Diese Situation ist in der Therapie sehr häufig anzutreffen. Es ist eine Situation, in der Analysand oder Analysandin und Therapeut oder Therapeutin eine Reaktion des Unbewußten erwarten, sei es als Traum, als neues Lebensgefühl oder aber auch als Gegenübertragungsgefühl des Analytikers oder der Analytikerin.

*

In der Jungschen Therapie ist es ein Ziel, Menschen auf der Persönlichkeitsebene kreativ werden zu lassen. Die Idee dabei ist, das Bewußtsein sich zum Unbewußtsein hin öffnen zu lassen, damit die konstellierten Komplexe als Ideen und nicht primär als Störungen wahrgenommen werden. Dazu muß man in der Regel das Ich so weit stabilisieren, daß diese Ideen ausgehalten und gestaltet werden können. Das kann mit verschiedenen Strategien erreicht werden, unter anderem auch durch die analytische Beziehung, die im besten Fall ein Gefäß ist, eine Struktur darstellt, die diese unbewußten Einbrüche aufnehmen und strukturieren kann. Es kann auch notwendig sein, das Unbewußte zu beleben. Es gibt dazu verschiedene Methoden, zum Beispiel ist die Imagination eine solche Methode, um das Schöpferische im Menschen zu stimulieren.

*

In der Jungschen Psychologie spricht man davon, daß die unbewußten Komplexe belebt und ans Bewußtsein angeschlossen werden; damit werden neue Bilder dem Bewußtsein zugänglich, ein Energiezustrom kann erlebt werden. Praktisch geht das so vor sich, daß man damit beginnt, über die Äußerungsform, in der sich ein unbewußter Komplex zeigt, zum Beispiel als Traum, als Phantasie, als Befürchtung, als Idee, als körperliches Symptom, zu sprechen, beziehungsweise, daß man dem Symbol Ausdruck verleiht. Das ist dann meistens von unangenehmen, ängstigenden oder auch ängstigend-euphorischen Gefühlen begleitet, und man beginnt, diese Gefühle abzuwehren. Weil man indessen in einer Beziehung zu einem Therapeuten / einer Therapeutin steht und dadurch die Sicherheit hat, zu zweit, mit einem kompetenten Helfer / einer kompetenten Helferin gemeinsam das Problem angehen zu können, kann man mehr zulassen, als wenn man allein für sich wäre. So sind schrittweise Veränderungen überhaupt möglich.

*

Um mit den Komplexen, mit der Störung, in Kontakt zu kommen, müssen wir uns den Phantasien zuwenden, den Träumen, den Beziehungsmustern, den Symbolen ganz allgemein. Daß die Komplexe sich sozusagen ausphantasieren, bietet die Möglichkeit, sie von hemmenden Kräften zu fördernden Kräften werden zu lassen. Dies spielt sich bei der Symbolbildung ab. Insofern sind Symbole Verarbeitungsstätten der Komplexe. Und das ist auch der Grund, weshalb Träume, Bilder und der ganze Bereich der Imaginationen in der Therapie nach C. G. Jung eine so große Rolle spielen. Praktisch heißt das, daß man sich auf Emotionen konzentriert und sich fragt, welche Phantasien, welche Bilder mit ihnen verbunden sind. Diese Bilder können dann gemalt oder auch mit der Technik der Imagination, allenfalls der Aktiven Imagination, bearbeitet werden. Wesentlich ist dabei, daß das Symbol erlebt und gestaltet wird und dann eine Deutung erfährt.

*

Sehr große Unbewußtheit der Mutter erschwert es einem Kind, sich abzusetzen, es verschwimmt immer wieder mit ihr. Der Weg der Therapie bei Menschen mit diesem Hintergrund, bei denen das Unbewußte sehr aktiv ist und deren Ich dem wenig entgegenzusetzen hat – z. B. bei Suchtgefährdeten –, könnte so aussehen, daß der nährende Aspekt des Mutterarchetyps gesucht wird, gleichzeitig aber Schritt für Schritt Autonomie geübt wird, damit das Ich nicht wieder „verschluckt" wird. Dieser Vorgang kann sehr wohl in der Übertragung stattfinden. Da die Neigung zu übertrieben symbiotischem Verhalten ein Beziehungsproblem ist, zeigen sich alle Symbioseformen innerhalb der Therapie als Übertragungs- und Gegenübertragungsprobleme.

*

Daran ist zu denken: In der Psychotherapie arbeitet man mit der Übertragung, mit dieser verzerrten Wahrnehmung der Realität. Die Komplexkonstellationen werden auf den Therapeuten / die Therapeutin übertragen, aber nicht in dem Sinn, daß einfach ein Komplex übertragen wird, übertragen wird vielmehr ein Beziehungsmuster, weil jeder Komplex immer schon in Beziehung zu einem Ich steht. Werden diese Beziehungsmuster verstanden, dann wird auch das Kind verstanden, das die schmerzhaften Zusammenstöße mit der Umwelt erlitten hat.

*

Wenn wir mit imaginativen Fähigkeiten innerhalb der Therapie arbeiten, bringen wir dadurch zum Ausdruck, daß wir über Bilder am Bild von uns selbst und von der Welt arbeiten können, daß uns dadurch bewußt wird, daß die Bilder von uns und die Bilder von der Welt, die wir uns machen, uns fördern oder hemmen in unserer Lebensbewältigung.

Außerdem zeigen wir damit, daß uns der Umgang mit Emotionen – die sich unter anderem ja auch abbilden – wesentlich ist. Das heißt, daß es uns wesentlich ist, daß Emotionen wirklich erlebt werden, weil dadurch einerseits Energien zum Handeln frei werden, andererseits die Beziehung zu sich selbst erlebbar wird. In den Traumbildern erleben wir, wie in allen anderen Bildern auch, daß sie einerseits eine Aussage über uns selbst machen, andererseits auch Veränderungen im Selbst- und im Welterleben bewirken können.

*

Unser Therapieziel bleibt, schöpferisch mit dem eigenen Leben umzugehen, auf dem Weg zu sein, aber auch mit

Stagnierungszeiten umzugehen, und vor allem, sich mit sich selber einverstanden erklären zu können als Werdender, als Werdende mit allen Ecken und Kanten, die man so hat und die einen ausmachen. Ziel wäre auch, das Risiko des Selbstseins auf sich zu nehmen, zu riskieren, man selber zu sein.

*

Jung sieht den Menschen als einen, der im gelebten Vollzug des Individuationsprozesses – und der findet in der Therapie statt – zu dem werden soll, der er eigentlich ist, also immer weniger fremdbestimmt durch Kräfte des kollektiven Unbewußten. Anstelle dieser Fremdbestimmung tritt der Dialog – der Dialog zwischen Bewußtsein und Gesellschaft, der Dialog auch zwischen Bewußtem und Unbewußtem. Und das würde dann – zwar immer vorläufig – im Laufe des Individuationsprozesses eine Entwicklung zu mehr Autonomie bringen.

*

Das Therapieziel ist, Entwicklungsimpulse, die sich in der Psyche regen, aufzunehmen. Damit gewinnen Menschen mehr Kompetenz im Umgang mit sich selbst und anderen: Sie verstehen sich selbst besser, auch ihre abgründigen Seiten, deren Projektionen in der Folge leichter erkannt werden können. Autonomer, beziehungsfähiger und immer authentischer zu werden, ist das umfassende Ziel.

Emotionen – Quelle der Lebendigkeit

Emotionen zu haben bedeutet,
daß etwas in uns in Bewegung gerät. Doch
weil sie auch einmal übers Ziel hinausschießen können,
machen sie uns angst und werden zurückgehalten.

Sprechen wir von Emotionen, dann sprechen wir von uns, von unserer Identität, wir erleben uns selbst unmittelbar, wenn wir eine eigene Emotion erleben, wahrnehmen. Anders ausgedrückt: Beim Erleben unserer Emotion geht es immer um unsere Identität, es geht *immer* auch um uns als Person. Wenn wir keine Emotionen mehr zulassen wollten, wenn wir versuchten, sie auszuschalten, dann wären wir Menschen, die sich nicht mehr betreffen lassen. Sich nicht mehr betreffen zu lassen würde heißen, sich nicht mehr zu spüren, aber auch keine Verantwortung zu übernehmen und nicht mehr zu handeln.

*

Die Verwandlung durch die Emotion, das Ergriffensein durch die Emotion, ist eine wunderbare menschliche Möglichkeit, die, wie jede Möglichkeit, die uns über uns hinausträgt, auch die Gefahr eines Absturzes in sich birgt. Dieses Ergriffensein kann sich in konstruktiver oder destruktiver Weise auf das Leben auswirken.

*

Wir haben gleichsam eine *Emotionsgeschichte* mit uns selbst, die aber zugleich eine *Interaktionsgeschichte* ist, also eine Emotionsgeschichte *mit uns selbst* und *mit anderen Menschen* beziehungsweise der Emotionsgeschichte dieser Menschen. Das heißt, eine Emotionsgeschichte mit uns selbst ist nicht denkbar ohne die Geschichte unserer Beziehungen. Hat man Ihnen zum Beispiel als Kind immer wieder zu verstehen gegeben, daß Sie ein heiteres Kind sind, daß man sich freut, wenn Sie auftauchen, dann ist das in Ihr Selbstverständnis übergegangen: Sie sind ein heiteres Kind, ein heiterer Mensch. Man freut sich, wenn man Sie sieht. Wenn man Ihnen als Kind gesagt hat: „Du bist eigentlich ein lästiges Kind“, dann ist auch das in Ihr Selbstverständnis übergegangen: „Ich bin ein lästiges Kind, ein lästiger Mensch. Ich muß etwas tun, damit die Leute mich gern sehen.“ Das sind ganz einfache emotionale Etiketten, die zeigen, daß unsere Emotionsgeschichte mit der Emotionsgeschichte anderer Menschen zusammenhängt und nicht nur mit unserem aktuellen Leben und unseren gegenwärtigen Beziehungen und mit unseren Komplexen.

*

Wir sind es gewohnt, Expression von Emotion ständig aneinander „abzulesen". Auch wenn wir nicht verbalisieren, was wir „gesehen" haben, beziehen wir das Gesehene doch in unsere Reaktionen mit ein. So werden wir etwa weitersprechen, wenn wir sehen, daß wir Freude ausgelöst haben, wir werden das Thema ändern oder den Konflikt ansprechen, wenn wir Mißfallen „lesen". Erschwerend ist dabei, daß wir Emotionen nicht einfach sich ausdrücken lassen: Wir versuchen, sie zu kontrollieren. Die anderen Menschen sollen nicht in uns lesen können wie in einem geöffneten Buch. Kontrollieren wir aber unsere Emotionen zu sehr, so teilen wir den Mitmenschen nicht mehr mit, wie ihre Wirkung auf uns ist und wie wir uns fühlen. Wir machen es dann den anderen schwer, mitfühlend zu handeln.

*

Jedes affektgeladene Ereignis wird zu einem Komplex. Es sind nicht nur die großen traumatischen Ereignisse, die Komplexe hervorbringen, es sind auch die immer wiederkehrenden kleinen Begebenheiten, die uns verletzen. Werden diese Inhalte des Unbewußten auf der Ebene der Emotion oder auf der Bedeutungsebene angesprochen, dann wird das Gesamte dieser unbewußten Verknüpfungen aktiviert (konstelliert) – samt der dazugehörenden Emotion aus der ganzen Lebensgeschichte und den daraus resultierenden unangepaßten Verhaltensweisen, die stereotyp ablaufen. Dieser Vorgang läuft, solange der Komplex unbewußt ist, autonom ab. Je größer die Emotion und das Assoziationsfeld sind, desto stärker ist der Komplex, desto mehr werden andere Kräfte an den Rand gedrängt oder verdrängt.

*

Der Weg der Auseinandersetzung mit den Komplexen kann weder der der Abwehr noch der der Kontrolle sein. Es geht darum, diese Komplexe sich ausphantasieren zu lassen, sie auch in den Beziehungsmustern zu sehen und zu verstehen und sie dann über die Arbeit am Symbol dem Bewußtsein zu integrieren.

*

Sicher liegt im Komplex vieles, was das Individuum in seiner persönlichen Weiterentwicklung hindert, in diesen Komplexen liegen aber auch die Keime neuer Lebensmöglichkeiten. Diese schöpferischen Keime zeigen sich dann, wenn wir die Komplexe akzeptieren, wenn wir sie sich ausphantasieren lassen. Wir alle haben Komplexe, sie sind Ausdruck von Lebensthemen, die auch Lebensprobleme sind. Sie machen unsere psychische Disposition aus, aus der keiner herausspringen kann.

*

Gelingt es dem Ich, mit dem Komplex einen Kontakt aufzunehmen, die Bilder, die Phantasien, die aufsteigen, zu erleben und zu gestalten, kann die Energie, die in einem Komplex gebunden ist, zu einer Energie werden, die den ganzen Menschen belebt.

*

Das Gefühl des Neides ist nicht nur ein Angriff auf unseren Selbstwert, es hat auch für die längerfristige Regulierung unseres Selbstkonzepts eine außerordentlich wichtige Funktion. Es zwingt uns immer wieder, uns mit der Frage, was wir aus unserem Leben machen, was von unseren Talenten wir realisieren, aber auch, ob wir uns noch selber richtig wahrnehmen, auseinanderzusetzen. Wir können es uns also nicht leisten, den Neid weiter auf „die andern" zu projizieren. Wir berauben uns eines Regulativs im Selbstwertsystem und werden dadurch weniger kompetent im Umgang mit dem Leben, dafür aber um so bereiter zu Haß, Rache und verstecktem destruktivem Verhalten. Wir müssen lernen, produktiver mit dem Gefühl Neid umzugehen. Um das zu können, müssen wir die Äußerungen des Neides bei uns erkennen.

*

Im Neid steckt die Aggression, die zum schöpferischen Bewältigen des Lebens, zur Veränderung notwendig ist, im Neid ist die Veränderungskraft aber zunächst unheilvoll gebunden.

*

Die Emotion Neid ist eine Emotion, die unsere Entwicklung stimulieren will. Entwicklung ist aber immer mit Veränderung, mit Komplikation, mit Arbeit verbunden. Deshalb ist Entwicklung nicht besonders beliebt, auch wenn wir sie durchaus als attraktives Programm im Munde führen.

*

Das Gefühl des Neides signalisiert uns, daß wir nicht mehr einverstanden sind mit uns selbst. Entweder müssen wir nun mehr aus unserem Leben machen, oder wir müssen die Vorstellung von uns selbst verändern, diese der Realität besser anpassen oder aber die Realität verändern.

*

Wir Menschen stecken voller Ängste, denn wir sind zerbrechlich. Letztlich wurzelt unsere Angst immer auch in der Todesangst, in der Angst, unsere Existenz zu verlieren oder zumindest keine Zukunft mehr zu haben. Das Ich fühlt sich in der Angst vorübergehend vernichtet. Das ist das Identitätsproblem, das wir haben, wenn wir von der Angst ergriffen sind: Wir haben dann das Gefühl, vernichtet zu sein, keine Existenzberechtigung zu haben. Deshalb die schnelle Abwehr der Angst, denn wir Menschen ertragen es nicht, uns vernichtet zu fühlen. Wir haben aber nicht nur Ängste, wir sind auch mutig, wir können leben angesichts der Bedrohung durch den Tod. Daß wir sterblich sind, fordert uns geradezu heraus, Spuren zu hinterlassen. Wir können mit der Angst umgehen – meistens.

Die Angst, vorwiegend als Angst vor möglicherweise eintretenden größeren Verlusten oder Mißerfolgen in allen möglichen Lebenszusammenhängen, als Angst vor dem Verlust der Selbstachtung und der Selbstsicherheit erlebt, also als Einbruch in unserem Identitätserleben, signalisiert uns, daß wir von einer Gefahr ergriffen sind. Die Angst kann uns aktivieren und stimulieren, Alternativen zu suchen, sie kann unsere Kreativität anstacheln. Zuviel Angst lähmt uns jedoch, zuviel Angst kann uns zerbrechen. Angst schafft auch die Monster, schafft die böse Welt, Angst macht die Welt viel böser, als sie vielleicht ist.

*

Verdrängen wir die Angst, sind wir unbewußt von der Angst bestimmt. Wir fühlen uns dann vielleicht nicht ängstlich, sind aber ständig von vielen Befürchtungen heimgesucht. Es wird in dieser ängstlich-dysphorischen, etwas depressiv getönten Stimmung schwierig sein, Gefühle der Freude, Gefühle der Liebe zum Leben in der vollen Tiefe auch zu erleben.

Die Freude brauchen wir, weil wir, wenn wir uns freuen, einmal in einer ganz selbstverständlichen Weise ein gutes Selbstwertgefühl haben. Die Frage nach der Identität stellt sich uns in freudigen Momenten nicht, denn wenn wir uns freuen, erleben wir unsere Identität als fraglos sicher, wir akzeptieren uns fraglos in unserer

Verbundenheit mit anderen Menschen, mit der Mitwelt, der Umwelt und mit der Transzendenz. Die Angst treibt uns in die Vereinzelung, der wir dann allerdings wieder zu entgehen versuchen, wenn wir uns einer Autorität unterwerfen; die Freude verbindet uns den Mitmenschen und natürlich auch der Umwelt. Freudefähig sind alle Menschen; verdrängen wir aber die Angst, ist uns der Zugang zu vielen Freuden verstellt.

Es gibt also zahlreiche gute Gründe, daß wir uns unseren Ängsten – soweit als jeweils möglich – stellen, es auch öffentlich machen, daß Angst zu haben wichtig ist, daß es ebenso wichtig ist zu lernen, mit der Angst umzugehen, damit wir auch wieder das Hoffen lernen.

*

Die Hoffnung ist sozusagen der Gegenpol der Angst. Die Hoffnung hat damit zu tun, daß wir nicht nur sind, immer schon Gewordene sind, sondern daß wir immer auch noch Werdende sind; das Leben hat diese Zukunftsdimension, solange wir leben.

*

Es ist die Hauptfunktion der Hoffnung, uns Geborgenheit im Leben zu geben. Sie transzendiert also das Jetzt und Hier ganz deutlich. In der Hoffnung hoffen wir gerade auch auf das Unverhoffte. Sie ermöglicht sozusagen ein Vertrauen in die Zukunft wider besseres Wissen, auch wider alle Vernunft. Die Hoffnung ist nicht vernünftig, sondern sie ist risikofreudig, bezieht sich auf schöpferische Veränderungsmöglichkeiten zu einem Besseren hin.

*

Die Hoffnung bezieht ihre Autorität aus einer Vision, die in ihrem Inhalt noch verdeckt ist, die wir vorerst nur ahnen oder auf die uns einzulassen wir riskieren. Man wendet sich sozusagen einem Licht zu, das noch nicht sichtbar ist, von dem man aber den Eindruck hat, es müsse existieren.

*

Darin liegt der Unterschied von Erwartung und Hoffnung: Wenn wir erwarten, dann sind wir sehr konzentriert auf etwas, gespannt auf etwas, meistens auch ungeduldig. Erwartung ist eher ungeduldig, Hoffnung ist vergleichsweise viel geduldiger. Hoffnung will nicht unbedingt, daß jetzt etwas Bestimmtes passiert. Das will die Erwartung. Hoffnung läßt die Ereignisse auf sich zukommen, hat einen viel größeren Spielraum, viel mehr Freiheit, bezieht sich auch auf eine fernere Zukunft. Die Erwartung bewegt sich geradezu auf die Dinge zu, während sich in der Hoffnung die Dinge auf den Menschen zubewegen. Die Erwartung ist auf Näherliegendes gerichtet, die Situation ist umrissen, konkret vorgestellt.

Das heißt dann auch immer: Die Menschen, die sehr von einer Erwartung erfüllt sind, sind für andere nicht mehr verfügbar, in ihrer Erwartung werden sie sehr zielorientiert – oder auch eingeengt. Wir haben dann die Offenheit für die Zukunft gerade nicht, die die Hoffnung ausmacht, wir sind vielmehr fixiert auf etwas, das eintreten muß. Wenn es nicht eintritt, dann sind wir enttäuscht.

*

Beobachtet man, wie die Tiefenpsychologie mit den gehobenen Emotionen umgeht, so drängt sich der Gedanke auf, daß ein reifer Mensch oder auch ein Mensch auf dem Individuationsweg ein nur ernster Mensch ist, daß es sogar Ziel des Individuationsprozesses sein könnte, in tragischer Entsagung, im Bewußtsein der Schwere des Lebens – ohne daß man den heiteren, leichten Aspekt auch sähe – den Rest des Lebens hinter sich zu bringen.

*

Wichtig ist, daß wir die Emotionen der Gehobenheit nicht länger als etwas Zusätzliches, als etwas Kindliches gar oder etwas „Weibliches“, als „Garnitur“ also abtun, sondern daß wir sie als etwas Wesentliches erkennen: Wie Individuation ohne Symbiose einseitig bliebe, wäre auch die Vereinzelung in der Angst einseitig ohne dieses Verbundensein durch die Freude. Freude, Inspiration, Hoffnung sind für das menschliche Leben und für das Verständnis des menschlichen Wesens genauso wichtig wie Angst und Trauer.

*

Angst treibt den Menschen in die Vereinzelung, Freude aber ist die grundlegende Emotion für Verbundenheit und Solidarität.

*

Werte wie Solidarität, die zum Beispiel in der Realisierung der Menschenrechte sichtbar werden, verwirklichen wir, indem wir die Emotionen der Gehobenheit zulassen und kultivieren.

*

Freude ist eine Emotion, die geteilt werden muß, dann mehrt sie sich.

*

Es scheint wirklich so zu sein, daß wir bereiter sind zu leben, wenn wir uns wieder freuen können, und das hieße auch, daß wir dem Zerstörerischen mehr Widerstand entgegensetzen.

*

Alles, was kreativ gestaltet wird, ist ein Sieg des Lebensgefühls der Lebendigkeit über das Lebensgefühl der Angst, die uns zum Schweigen bringen will. Insofern erleben wir in der Kreativität eine ständige Auseinandersetzung zwischen den Gefühlen, die uns beschwingen, in die Höhe emportragen, und den Gefühlen, daß wir am Harten, am Widerständigen arbeiten müssen.

*

Wenn das Leben sehr bedroht ist, ist die Freude nicht einfach verschwunden, sondern einzelne Freudensituationen können dann ganz besonders deutlich wahrgenommen werden. Es ist nicht so, daß unsere Sorgen und Schmerzen die Freude einfach zudeckten. Denken wir etwa an Kriegssituationen, so haben wir manchmal den Eindruck, als ob gerade angesichts all der Sorgen und Grausamkeiten auch eine Meisterschaft entwickelt wurde, den Augenblick zu genießen und sich darüber zu freuen.

*

Freudige Menschen fühlen sich im allgemeinen nicht als Opfer anderer Menschen oder der Umstände, denn sie haben den Mut, Leben zu gestalten. Es gehört ganz wesentlich zu uns Menschen, daß wir unser Leben gestalten wollen. Je resignierter wir aber sind, um so mehr empfinden wir uns als Opfer, Opfer der Umstände. „Man kann nichts machen." Wenn wir etwas freudiger werden könnten, dann wäre das zugleich eine Einstellung wider die Resignation, denn freudige Menschen eignen sich schlecht als Opfer.

*

Freude an der eigenen Kompetenz, an der eigenen Geschicklichkeit steht in Zusammenhang mit dem Aufgehen in der Arbeit und im Spiel, steht aber auch in Zusammenhang mit der Freude am Erproben der eigenen Grenzen.

*

Sich freuen zu können, hat sehr viel mit dem Genießen des Augenblicks zu tun, mit einer Haltung, die nicht ständig danach fragt, wie es morgen wohl weitergeht, oder sich gar selber davon überzeugt, daß alles sowieso nur schlechter werden könne.

*

Das Selbstgefühl, das wir erleben, wenn wir uns freuen, ist das Gefühl eines selbstverständlichen Selbstvertrauens. Das ist wohl das beste Selbstgefühl, das man haben kann, ausgelöst dadurch, daß wir uns in diesem Augenblick der Freude akzeptieren können, die Welt außen, die Welt innen, uns selbst. Es ist eine Situation der Akzeptanz, die gleichzeitig auf Werden hin angelegt ist. Zu diesem selbstverständlichen Selbstvertrauen gehört, daß man sich bedeutsam fühlt, ohne daß man besonders bedeutsam sein muß. Es ist in diesem Freudengefühl eben auch selbstverständlich, daß man eine Bedeutung hat. Dieses selbstverständliche Selbstvertrauen und das Gefühl der Bedeutsamkeit, ohne daß man Bedeutung haben muß, führen dazu, daß man offen ist, daß man sich öffnet.

*

Die festliche Daseinsfreude ist ein „präsentisches Lebensgefühl“. Dieses Lebensgefühl wird immer stärker, je mehr wir uns der Begeisterung und der Ekstase nähern. Es ist ein Gefühl, das nicht die Zukunft oder die Vergangenheit im Auge hat, es ist ein Gefühl des Augenblicks. Das ist auch der Grund, weshalb wir es wieder lassen können müssen, die Freude ist keine beständige Emotion.

Im Zustand des präsentischen Lebensgefühls überlegen wir uns nicht, was übermorgen ist oder was irgendwann gewesen ist. Und von daher eröffnet sich eine große Chance, herauszutreten aus dem, was schon immer war, aus der ewigen Sorge um die Zukunft, die so phantasielos, so ängstlich macht.

Zur festlichen Daseinsfreude gehört weiter eine selbstverständliche Daseinsbejahung und damit verbunden der Glaube an die Wandlungsfähigkeit des Lebens, der Glaube daran, daß Leben leicht sein kann, daß es einen ungeheuren Reichtum an Entdeckbarem gibt und daß man eine unerschöpfliche Wirksamkeit haben kann.

*

In der Hochgestimmtheit, die die eigenen Emotionen viel deutlicher werden läßt, Hemmungen abbaut, kann man nicht nur den Richtigen oder die Richtige finden, man kann auch den Falschen oder die Falsche für den Richtigen oder die Richtige halten. Die Verstärkung der Emotionen macht unser Handeln nicht primär gültiger, auch in dieser Situation wäre noch ein Rest gesunden Menschenverstandes wünschbar.

*

Die gehobenen Stimmungen erlauben uns, auch symbiotisch zu sein, uns auszuweiten in die Mitwelt der Menschen, in die Natur, vielleicht sogar in den Kosmos. Aber auch die umgekehrte Bewegung gilt: Durch das gute Selbstwertgefühl, das dabei entsteht, durch die Selbstakzeptanz kann auch unser Ich kohärenter werden. Diese zunehmende Kohärenz ist Voraussetzung für unsere Individuation, für unsere Entwicklung zu unserer Eigenart, zu unserer Souveränität und zur bewußten Auseinandersetzung mit unserer eigenen Tiefe.

Im Vordergrund steht aber das Erlebnis der Symbiose, die in der Freude eher mit anderen Menschen, mit der Mitwelt um sich herum erfahren wird, bei der Ekstase auch als Symbiose mit der Natur, dem Kosmos, mit dem, was man für sich als „göttlich" bezeichnet.

*

In jeder Faszination begegnen wir letztlich uns selbst, wenn es uns gelingt, uns nicht einfach von der Faszination wegtragen zu lassen, sondern aus dem, wohin die Faszination uns zieht, allmählich die Bedeutung für unser Leben herauszufinden. Dann weicht die Kraft der Faszination, aus der Faszination ist Vertrautheit, Anhänglichkeit, vielleicht Liebe geworden.

*

Rausch, Ekstase, auch Kreativität sind dazu da, die Grenzen des konkret Erfahrbaren zu überspringen, Festgeschriebenes, Alltägliches zu überschreiten. Das heißt im Grunde genommen nichts anderes, als daß wir immer wieder unsere gewordenen Grenzen überschreiten und daß wir damit andere Menschen werden können. In Rausch, Ekstase, Inspiration wollen wir im Grunde genommen andere Menschen werden, und zwar sehr deutlich solche Menschen, die lebendiger sind, die sich betroffen fühlen, die Energie haben zum Handeln, die an Veränderung glauben, letztlich sogar Menschen, die hoffen können.

Märchen und Träume – Wegweiser aus dem Unbewußten

Letztlich lernen wir von den Märchen,
daß wir dann auf den Wegen zu mehr Autonomie sind,
wenn wir der eigenen Berufung mehr gehorchen
als Vater und Mutter.

Märchen sind getragen von der Hoffnung auf Veränderung, auf die Wandelbarkeit des Lebens, getragen aber auch von dem Bewußtsein, daß genügend Kräfte vorhanden sind, um die Situation jeweils zum Besseren zu wenden, man muß diese Kräfte nur suchen und finden. Das mag ein Grund dafür sein, daß heute Märchen wieder so sehr beachtet werden. Ein anderer ist der, daß die Märchen in Bildern sprechen, also auch in uns Bilder anregen, unsere imaginativen Fähigkeiten hervorlocken. Märchen sprechen nicht so sehr unser logisches als vielmehr unser ganzheitliches Denken an, unsere Fähigkeit, Zusammenhänge zu erschauen und zu erfühlen, in größeren Zusammenhängen zu denken. Sie sprechen unser rechtshemisphärisches Denken an und entsprechen einem Bedürfnis nach Ganzheitlichkeit, aber auch einem Bedürfnis nach dem nicht ganz Durchschaubaren, Geheimnisvollen, das viele Entwicklungsmöglichkeiten in sich birgt. Sie regen an, in größeren Zusammenhängen wahrzunehmen und zu erleben.

*

Im Kontakt mit den Bildern des Märchens wird etwas Tragendes erlebt; die persönliche Geschichte, das persönliche Leiden werden in einem größeren Zusammenhang gesehen, werden gespiegelt in einer Erfahrung, die Menschen schon immer machen mußten. Dadurch bekommt die persönliche Geschichte, das persönliche Leid eine neue Bedeutung.

*

Märchenmotive, die uns ansprechen, werden zu Symbolen für einen psychischen Zustand von uns selbst, den wir sonst nicht fassen können. Konflikte, die wir nicht wirklich ins Wort fassen können, die uns oft nur mit Unbehagen erfüllen, können im Symbol eines Märchens ein Bild finden.

*

Eine Absicht des Märchens ist es immer wieder, uns zu zeigen, daß es ganz wunderbare Verwandlungen gibt, daß Dinge, die wir nie für möglich halten, eben doch möglich sind. Insofern will das Märchen auch einfach Mut machen, will in uns jene Hoffnungen freilegen, die auf wunderbare Verwandlung vertrauen, letztlich auf schöpferische Veränderung.

*

Im Märchen geht es oft gar wundersam zu und her, da sind Wendungen möglich, die wir eigentlich nicht für möglich halten werden – „Es ist eben ein Märchen", sagen wir, „märchenhaft". Und doch sind wir insgeheim auch froh, daß wir im Märchen einem gewissen Realitätsdruck entfliehen können, mitgetragen werden von der Überzeugung, daß es immer wieder „märchenhafte" Lösungen, unverhoffte Lösungen gibt – und das sind schöpferische Lösungen. Indem wir uns mit dem Märchenhelden identifizieren, überträgt sich diese Hoffnung, daß Probleme lösbar sind, daß es immer wieder schöpferische Wandlungen gibt, auch auf uns. Damit vermittelt das Märchen jenen Mut zur Zukunft, den wir brauchen, um nicht am Vergangenen zu kleben.

*

Das Märchen ist emotionell weiter von unserem Erleben entfernt als der Traum, für den wir uns doch meistens verantwortlich fühlen; das Märchen ist aber emotionell nicht so weit weg, daß es uns nicht berührte. Insofern ist die Arbeit mit dem Märchen in einem gewissen emotionellen Freiraum angesiedelt, der kreative Entfaltung geradezu herausfordert.

*

Das Märchen gibt Anregung dazu, wie psychische Prozesse weitergeführt werden könnten, ohne direkt zu fordern, daß diese Anregung auch verwirklicht werden muß. Es ermöglicht ein Nachdenken über sich selbst im Spiegel des ganzen Märchens oder einzelner Märchenmotive, es ermöglicht Selbsterkenntnis und gibt Anregungen zur Veränderung einer Lebenssituation. Man kann ein eigenes Problem im Spiegel des Märchens sehen – narzißtisch geschützt; man kann sein Problem in der Projektion auf das Märchenmotiv „bearbeiten"; man kann anhand des Märchenmotivs auf das eigene Leben zu sprechen kommen; man kann das Märchenmotiv als Auslöser für eigene Bilder nehmen und dabei auch das ursprüngliche Märchenmotiv ganz aus den Augen verlieren. – Diese Freiheit läßt die Arbeit mit Märchen zu.

*

Die Märchen zeigen uns deutlich, daß das Streben nach Autonomie nicht nur eine Sache des Willens ist, wie wir es uns oft vorstellen. Der Weg zur Autonomie wird vielmehr von den sogenannten autonomen Komplexen initiiert, die unbewußt sind und in denen sich die emotionellen Erfahrungen unseres Lebens spiegeln – damit natürlich auch deren Einseitigkeiten sowie das Bedürfnis nach Ausgleich im Sinne eines Systems, das sich selbst reguliert. Von diesen „autonomen" Komplexen geht der Anreiz zur Entwicklung aus, in ihnen ist aber auch das Autonomiethema enthalten.

*

Das Märchen lehrt uns, daß wir den wegweisenden inneren Figuren, die die dynamische Kraft und die jeweilige Thematik in unserem Individuationsprozeß abbilden, in ihrer Bewegungsrichtung mit Vorteil folgen, auch den Kontakt mit ihnen immer erhalten sollen, daß wir aber ihnen gegenüber auch Anrecht auf ein Stück Autonomie haben, daß gerade das Wahrnehmen dieser Autonomie den Entwicklungsprozeß vorwärtstreibt. Die Märchenhelden streben mehr Autonomie gegenüber den führenden Gestalten des Unbewußten an, ohne das, was sie in ihr bewußtes Leben einzubringen haben, zu vernachlässigen. Das ist möglich durch die Auseinandersetzung des Bewußtseins mit dem Unbewußten, von der Jung so oft spricht, die dem Individuationsprozeß zugrunde liegt und ihn erst wirklich ausmacht. Dieser Auseinandersetzungsprozeß erst ist gestaltetes Leben. Nur immer zu vollziehen, was die Träume, was die Intuition einem sagen, das kann blinder Gehorsam sein, eine ungeheure Abhängigkeit, auch wenn man sich sehr autonom oder gar frei dabei wähnt.

*

Therapeutisches Arbeiten mit Märchen kann auf verschiedenen Ebenen stattfinden. Wir können mit Märchen arbeiten, die uns schon immer begleitet haben, die uns mit unserer Kindheit und unserer Lebensgeschichte verbinden. Wir können unsere Lebensgeschichte und unsere aktuelle Situation im Spiegel dieser Märchen sehen. Darüber hinaus aber können wir uns vor allem von den Symbolen in unserer Symbolisierungsfähigkeit ansprechen lassen, unsere Bilder an den Bildern der Märchen entwickeln – auf verschiedene Weise. Festgefahrene Prozesse kommen manchmal durch die Berührung mit Märchenbildern in Bewegung, das heißt: Wir hoffen wieder. Indem wir mit diesen Symbolen arbeiten, erleben wir zusätzlich, daß unsere Probleme auch allgemeinmenschliche, existentielle Probleme sind, die ihre Lösungen haben.

*

Symbole sind vieldeutig – Märchen sind vieldeutig –, und das ist gerade spannend. Die Korrektheit einer Deutung liegt in einem Evidenzerlebnis. Deutung beansprucht niemals alleinige Wahrheit. Gültig ist eine Deutung dann, wenn sie in sich geschlossen ist und die wichtigsten Motive des Märchens einbeziehen kann. Wenn wir Märchen in dieser Weise deuten, dann ist das ein spielerisches Nachdenken über das Leben, über existentielle Fragen, über psychische Prozesse.

*

Verbote werden im Märchen immer gegeben, damit man sie übertritt. Vom Autonomiestreben her gesehen ist das sehr sinnvoll: Dadurch, daß der Märchenheld oder die Märchenheldin zu sehr eingeengt werden, werden sie herausgefordert, einen Schritt in eigener Verantwortung zu tun, der weit über das hinausgeht, was sie üblicherweise tun würden. Das Märchen zeigt dann, daß dadurch zwar Probleme entstehen, daß aber gerade diese Probleme das Wesentliche am neuen Weg sind, den neuen Weg überhaupt erst ausmachen.

*

In helfenden Kröten zum Beispiel ist unter anderem ausgedrückt, daß vom Unscheinbaren, Verachteten her Hilfe kommen kann – wenn man nur offen ist für die Hilfe. Diese Weisheit versuchen uns viele Märchen näherzubringen. Damit relativiert das Märchen die doch recht verbreitete Überzeugung, daß nur ein großartiges Ereignis dem Leben, das in der Krise ist, eine Wende geben könne. Diese großartigen Wenden treten ja bekanntlich sehr selten auf. Veränderungen kommen viel eher daher, daß wir bisher Übersehenes zu sehen und anzunehmen lernen, was das Leben von sich aus an uns heranträgt.

*

Wir Menschen sind meistens froh, wenn wir in diesem Leben, das oft so schwer zu bewältigen ist, „Wegweiser“ finden. Die Träume – diese „Wegweiser von innen“ – haben den großen Vorteil, daß sie unserer eigenen Seele und unserer eigenen Wirklichkeit entspringen und uns nicht von außen angeboten werden. Bloß: Es ist oft so schwierig, diese Träume auch wirklich zu verstehen, ihre Sprache zu lesen. Um sie zu verstehen, müssen wir die Traumsprache erlernen, müssen wir lernen, uns in diese Bildersprache des Traumes einzufühlen, die Bilder in ihren vielen Facetten sich ausfalten zu lassen, sie in Zusammenhang mit unserem Alltagsleben zu bringen, sie mit den emotionellen Ereignissen unseres Alltagslebens zu verknüpfen. Besonders wichtig ist aber auch, daß wir uns von den Bildern unserer Träume betreffen lassen, sie zu uns sprechen lassen, daß wir uns Muße nehmen, diese Botschaften von innen auch wirklich aufzunehmen.

*

Um Träume zu verstehen, ist es wesentlich, daß wir uns ihrer Bildersprache überlassen, sie noch einmal nacherleben und unsere Gefühle, unsere Stimmungen, die dabei auftreten, wahrnehmen, aber auch die Erinnerungen, Gedankenverknüpfungen, die mit den Bildern und den Gefühlen verbunden sind. So werden Träume in ein größeres Erinnerungs- und Erwartungsnetz hineingestellt, und ihr Sinn, ihre Bedeutung enthüllt sich.

*

Ein Symbol, ein Bild für eine emotionelle Situation, ist immer vieldeutig, ist nie ganz erklärbar, und so sind auch Erklärungen des Symbols immer nur vorläufig, treffen nur bedingt das spezielle Bild, von dem ein Träumer geträumt hat. Jeder Träumer hat zu seinen Traumbildern eigene Einfälle, Assoziationen, die ihm helfen, diese Bilder mit seiner Lebensgeschichte und seinem alltäglichen Leben zu verknüpfen. Darüber hinaus haben aber viele dieser Bilder auch eine Bedeutung, die für alle Menschen etwa gleichermaßen gilt. Wir sprechen in diesem Zusammenhang von einer kollektiven Bedeutung.

*

Unsere Träume gehören zu uns Menschen wie unsere Gedanken, Absichten und Gefühle. Sie sind ein wichtiger Aspekt unserer alltäglichen Wirklichkeit; bedenken wir nur einmal, wie sehr ein „guter" Traum uns beflügeln kann, uns mit Schwung in den Alltag hineingehen läßt, wie andererseits ein „schlechter" Traum uns beunruhigt und wie wir diese Beunruhigung auch in den Tag hineinnehmen, der dann irgendwie grauer zu sein scheint, als er ist.

Nun kann aber gerade ein solcher „schlechter" Traum von großer Wichtigkeit für uns sein: Er kann uns aufrütteln, uns dazu bringen, eine Lebenssituation mit den Augen des Traumes anzusehen, einmal wirklich hinzusehen, was wir mit uns, mit dem Leben, mit anderen Menschen machen. Es gibt, so besehen, keine „schlechten" Träume, durchaus aber Träume, die uns aufstören, die uns alarmieren, die wir nicht vergessen können, die uns mit größter Dringlichkeit etwas sagen wollen, etwas, das wir mit unserem Tagesbewußtsein zuwenig oder zuwenig deutlich wahrgenommen haben. So können Träume wie Wegweiser sein, die uns zu verstehen geben, wo der Weg weitergeht, oder die uns bestätigen, daß wir auf dem richtigen Weg sind.

Reifen am Du

Es gibt niemals nur Entwicklung von Autonomie,
Hand in Hand damit geht immer auch die Entwicklung
von Beziehungsfähigkeit.

Die Gefahr des Autonomiestrebens besteht darin, daß die Rolle der Mitmenschen, der Welt und der Beziehungen als zu gering eingeschätzt wird. Darin kann sich allerdings schon eine Verfallsform des Autonomiestrebens ausdrücken: Da wird Ablösen von überfälligen Abhängigkeiten als totales Sich-Trennen erlebt; der Prüfstein jeder gelungenen Autonomieentwicklung ist aber, daß wir uns in jenen Beziehungen, die uns Anlaß zu einem Stück Autonomieentwicklung gaben, schließlich als autonomer gewordene Partner bewegen und bewähren können. Wenn Autonomie nicht zu Autismus werden soll, dann werden wir die menschlichen Beziehungen als auslösend, beschwingend oder erschwerend und hemmend für unseren Entwicklungsprozeß sehen; wir werden aber auch feststellen, daß erst die Beziehung zum Du wirklich den notwendigen Anreiz gibt, zu einem authentischen Ich zu werden.

*

Zwischen dem Symbiosestreben und der Notwendigkeit der Ablösung und der Individuation scheinen wir immer zu stehen. Dabei ist nicht zu übersehen, daß die Individuation im Verhältnis zur Symbiose das Gefühl des Getrenntseins vermittelt, aber auch ein Gefühl des Verlassenseins, ein Gefühl, das vermutlich seit der frühesten Kindheit – verbunden mit dem Stolz über die eigenen selbständigen Schritte – den Menschen nie mehr ganz verläßt. Und dieses Gefühl des Getrenntseins, des Verlassenseins kann zurück in die Symbiose drängen – oder aber es kann, wie Erich Fromm es immer wieder ausdrückt und fordert, durch Liebe aufgehoben werden. Die Bewegung aus der Symbiose heraus auf neue Individuation hin, die immer wieder geschehen muß, muß durch einen weiteren Schritt ergänzt werden: den der Bezogenheit und der „reifen“ Liebe.

Zur „reifen“ Liebe hin muß der Mensch sich aber entwickeln, sie findet sich nicht einfach vor. Sicher aber ist, daß diese Liebe, die Fromm fordert, die Bezogenheit zweier mit sich soweit als möglich identischer Partner, immer wahrscheinlicher wird, je mehr Symbiosetendenzen einerseits und Strebungen zur Individuation andererseits gesehen und erlitten werden.

*

Ich habe zum Begriff der Liebe bei Fromm den Begriff der Bezogenheit beigefügt. Ich meine nicht, daß das dasselbe ist. Ich meine nur, daß wir Bezogenheit lernen können, daß wir sie auch voneinander fordern können – Liebe kann man nicht fordern, bei der Liebe kommt über die Bezogenheit hinaus ein Funke dazu, der nicht machbar ist. Unter Bezogenheit verstehe ich, daß ich versuche, den andern Menschen nicht einfach als eine Kopie von mir zu verstehen, sondern als eigenständige Persönlichkeit mit eigenen Bedürfnissen, und daß ich mich entsprechend verhalte, daß ich darauf reagiere, daß ich mich damit auseinandersetze. Die Bezogenheit müßte dahin führen, daß immer wieder ein gemeinsamer Standpunkt gefunden wird, der von beiden vertreten werden kann, ohne daß der eine seine Integrität aufgeben muß.

Aber über diese Bezogenheit hinaus ist es natürlich gerade die Liebe, der Funke, der nicht machbar ist, der uns ergreift und über uns hinausweist, der diese Vereinzelung immer wieder aufhebt. Das kann insbesondere auch in der Sexualität erfahren werden, wo der Rhythmus von Verschmelzen und wieder zu eigenständigen Individuen Werden sehr schön gewahrt bleibt.

*

Liebe ist also nicht machbar, sie ereignet sich. Im Beziehungsbereich allerdings, und das ist der Bereich der alltäglichen Wirklichkeit, da können wir mit Achtsamkeit, mit unseren Vorstellungen, mit unseren Wünschen, Beziehung gut zu gestalten, viel erreichen.

*

Zu wissen, daß derselbe Mensch, der so fasziniert hat, dem man eine große Seele zugetraut hat, derselbe ist, der im Alltag unzählige Socken in der ganzen Wohnung „streut“, das wäre Liebeskunst.

*

Liebe bewirkt ja unter anderem auch, daß man sich aus alten Bindungen lösen kann, und wenn es gutgeht, dann führt sie die Partner zu mehr Freiheit, wenn es weniger gutgeht, dann setzen sich die alten Gebundenheitsverhältnisse in einer neuen Form, in einer neuen Auflage, fort.

*

Die Vision einer Beziehung ist eine Vision der Ganzheit, ein Symbol, das mit großer Emotionalität besetzt ist. Viele Probleme, die wir miteinander haben, hängen damit zusammen, daß wir uns diese Visionen nicht mehr zugestehen, daß wir diese Sehnsüchte opfern, daß wir sagen: „Das war es dann halt, es ist vorbei.“ Dann wird Leben „realistisch“, und Sätze wie „Partnerschaft besteht nun einmal im Geschirrwaschen und Miteinander-ins-Bett-Gehen und Für-die-Kinder-Sorgen“ werden resigniert formuliert, und man denkt, man habe jetzt die illusionären Ansprüche geopfert. Damit wird man aber schuldig an der Liebe, denn es ist gerade die Utopie der Liebe, daß normaler Alltag gelebt wird, daß man aber auch durch die Liebe sich über ihn erheben kann im Fest.

Nun kann allerdings der Alltag auch erfüllt sein von einer ruhigen Geborgenheit; aber es ist doch ein deutlicher Unterschied zwischen der Vision und der Bewältigung des Alltags. Opfern wir unsere Vision und rühmen uns vielleicht gar, realistische Menschen geworden zu sein, fangen wir nämlich an, den Alltag unbewußt mit ungeheuren Forderungen aufzuladen. Dann soll da plötzlich dieses Erlebnis von Ganzheit, von Ergriffensein, von Heiligkeit, von Heil, von Über-sich-hinauswachsen-Können in alltäglichen gemeinsamen Tätigkeiten wie dem Geschirrwaschen erlebbar sein. Wir opfern dann vermeintlich das Vermessene, überfordern statt dessen aber den Alltag – damit werden alltägliche Probleme ins Unermeßliche gesteigert.

*

Viele Paare wissen nicht um die Dynamik in der Partnerschaft zwischen Phasen eines mehr gemeinsamen Lebens und Phasen, in denen die Individualität im Vordergrund steht. Diese Dynamik ist auch nicht ganz so einfach zu verwirklichen, haben doch beide Partner nicht synchron die gleichen Bedürfnisse. Liebe bedeutet unter anderem, sich mit dem Partner oder der Partnerin „ganz" zu fühlen, die wunderbaren Gefühle der Ganzheit zu spüren, die wir in dieser Situation „Liebe" nennen und die es uns erlauben, unseren Partner, unsere Partnerin so ganz in seinen oder ihren Lebensmöglichkeiten zu sehen – und uns selbst damit auch. Diesen Zustand der Ganzheit möchten wir uns natürlich erhalten, vergessen aber, daß er, auch wenn wir in diesem Zustand bereit sind, alles auf ewig zu beschwören, sehr vorübergehend ist, im besten Falle sich immer einmal wieder einstellt.

Diese Intimität, die wir oft mit der Dyade der frühen Kindheit in Verbindung bringen, ist eine Wunschphantasie, eine Utopie, der wir nachjagen. Sie ist vorübergehend immer wieder zu verwirklichen, aber nicht durchgehend, sonst würden wir uns selbst verlieren in einer Beziehung. Weil wir dieses Verschmelzen miteinander am ehesten in erotisch-sexuellen Begegnungen erleben, legen wir bei Außenbeziehungen so sehr Wert darauf, ob „die beiden" miteinander geschlafen haben oder nicht.

Die Intimität, die wir zu schützen versuchen, können wir nicht schützen, indem wir einander einsperren, im Gegenteil. Trennungsphantasien sind nicht zu vermeiden, aber man könnte sie weniger ängstlich wahrnehmen und sich fragen, was sie in der jeweiligen Beziehung bedeuten.

*

Das spielt sich natürlich auch in Beziehungen ab: Wir erschrecken, wenn mit uns verbundene Menschen plötzlich einen Autonomieschub haben, sie kommen uns getrieben vor. Oft fragen wir uns, was „zum Teufel" in ihn oder in sie gefahren ist. Wir werden auch leicht Opfer von autonomeren Menschen, wenn diese autonom und sicher das tun, was ihnen für sich und für die Situation richtig erscheint. Um nicht Opfer zu werden, muß man, wenn man mit autonomen Menschen umgeht, umgehend auch eigene Autonomie entwickeln.

*

Der Zusammenhang unseres Autonomiestrebens mit unseren autonomen Komplexen mag daran beteiligt sein, daß wir Autonomie so ambivalent erleben: Der Drang zur Autonomie kann sehr zwingend sein. Es bleibt aber zu bedenken, daß wir eigene Autonomiebedürfnisse meistens sehr viel positiver einschätzen als die Autonomiebedürfnisse unserer Mitmenschen: Autonomieschritte verändern die Beziehungen, und wenn diese Veränderungen nicht zugelassen werden, werden eben auch die Autonomiebedürfnisse verteufelt.

*

Um zu verhindern, daß Auseinandersetzungen entstehen, in denen man sich auf getrennten Positionen gegenübersteht – was ja auch ermöglichen würde, daß man sich nachher wieder mehr als Einheit verstehen kann –, sprechen sich liebende Menschen viele Probleme und Wünsche gar nicht an.

Je mehr diese alltäglichen Trennungen vermieden werden, je weniger wir wir selbst sein dürfen in einer Beziehung, um so eher wird sich die Beziehung auch zu anderen Menschen hin öffnen müssen, gelegentlich auch in der Art, daß die ursprüngliche Beziehung wirklich gefährdet wird. Verschmelzen und wieder mehr sich selbst sein, Verbundenheit und Betonung der Individualität, das gehört einfach zum Menschsein. In engen Beziehungen, in denen man sich wirklich aufeinander einlassen will, wird immer einmal mehr das Beziehungsselbst im Vordergrund stehen, ein andermal mehr das individuelle Selbst. Dieses Sich-mehr-auf-das-individuelle-Selbst-Zurückziehen wird als Trennung erlebt, es sind aber gerade solche Trennungen, die erlauben, daß auch wieder Nähe entstehen kann.

*

Trennungswünsche innerhalb einer Partnerschaft müssen nicht bedeuten, daß man sich von diesem Partner oder dieser Partnerin endgültig trennen soll oder will. Trennungswünsche können bedeuten, daß sich ein Paar im Moment zu nah ist, daß es zu sehr das Gemeinsame lebt, beide sich zuwenig um sich selbst kümmern. In einer Partnerschaft geht es immer darum, das Gemeinschaftliche zu pflegen, aus dem letztlich so etwas wie ein „Gemeinschaftsselbst" entsteht, es geht aber immer auch darum, die eigene Individuation, das Selbstsein, nicht zu vernachlässigen. Wird das Selbstsein zu sehr vernachlässigt, dann kommen Trennungsphantasien auf, allenfalls auch Phantasien über eine Außenbeziehung. Diese Trennungsphantasien werden verdrängt, weil man die Liebe zu retten versucht, indem man nichts Trennendes zwischen sich und den geliebten Menschen kommen lassen will.

*

Liebe kann auch heißen, einen destruktiv wirkenden Komplex, der die Beziehung blockiert, zu bearbeiten.

*

Die Trennungsphantasien haben viele Funktionen, sie stehen meistens im Dienste der Individuation, des Selbst-sein-Müssens. Sie lösen aber auch Trennungsangst aus, die bewirkt, daß wir die Trennungsphantasien nicht zu leichtfertig in die Realität umsetzen. Die Trennungsangst sorgt dafür, daß man nicht jeder Faszination, die sich bietet, erliegt, sondern meistens nur den Faszinationen, die unausweichlich sind. Setzt man nun diese Trennungsphantasien in die Realität um, so wird aus einem „inneren" potentiellen Partner plötzlich ein konkreter äußerer Rivale oder eine Rivalin für den Partner oder die Partnerin. Und dann wird die Schuld ausgesprochen, dann ist der ausbrechende Mensch schuldig geworden, der „treue" Mensch ist schuldloses Opfer. Der ausbrechende Mensch hat aber oft gar keine wirkliche Wahl: Entweder wird er schuldig an der angestammten Beziehung oder an sich selbst.

*

Wenn Eifersucht immer wieder vorkommt, „normal" ist, dann muß sie einen Sinn haben. Es ist eine Störung, die ich als Aufstörung verstanden haben möchte, weil sie eine Beziehung aufstört und zeigt, daß sich etwas an der Beziehung verändern muß, damit aber auch bei den an ihr beteiligten Partnern. Natürlich löst das Angst aus.

*

Jede Trennung ist eine Aufforderung und eine Chance zur Autonomieentwicklung, birgt in sich die Verpflichtung, ein wenig mehr man selbst zu werden. Diese Autonomie kann man aber nur erreichen, wenn das ins Leben integriert wird, was in der Beziehung, von der man getrennt wird, bisher ausgespart geblieben ist. So ist der Weg zu mehr Autonomie immer schon von dem gebahnt, was in der bisherigen Lebensphase nicht gelebt worden ist. Die Grundstimmung aber, in der man sich auf diese Wege der Autonomie macht, ist geprägt von dem, was in der Symbiose gelebt, was hier an Geborgenheit erlebt wurde.

*

Das Fremde erfüllt uns immer mit Faszination und mit Angst gleichzeitig. Im Fremdgehen, im Sich-neu-Verlieben, in der Sehnsucht nach einer neuen Beziehungsphantasie kann sich zeigen, was in der etablierten Beziehung fehlt, was vielleicht in diese zurückgeholt werden kann, vielleicht aber auch nicht. Und vor letzterem haben wir natürlich Angst. Dennoch müssen wir uns die Frage stellen, ob es denn sinnvoll ist, eine Beziehung weiter aufrechtzuerhalten, wenn zentrale psychische Bedürfnisse nicht mehr abgedeckt werden können, wenn innere Entwicklungen nicht mehr möglich sind.

*

Wenn wir uns als Paar zusammentun, erwarten wir dann Geborgenheit, Sicherheit, Intimität, Vertrautheit, Zärtlichkeit, Sexualität, Liebe, Zusammengehörigkeit, immerwährende Faszination, oder alles miteinander? Steht dahinter die Idee, daß alle Bedürfnisse befriedigt werden sollen, die Utopie von immerwährendem Glück? Natürlich wissen wir alle, daß Geborgenheit in einer Paarbeziehung neben Ungeborgenheit steht, Sicherheit neben Unsicherheit, Vertrautheit neben Fremdheit. Und dennoch: Werden diese Ideale in Paarbeziehungen so gar nicht erfüllt, dann reagieren wir mit Enttäuschung, denken, irgend etwas könne da nicht stimmen. Und so muß man sich fragen, ob sich nicht ein Mythos um die Idee der Paarbeziehung rankt, der attraktive Teil eines Mythos.

*

Diesen idealisierenden Bildern der Beziehungsphantasien liegen die mythologischen Bilder der Heiligen Hochzeit zugrunde. Mit dieser archetypischen Ebene hängt auch zusammen, daß wir als Liebende den Partner, aber auch uns selbst, so sehen, wie Gott uns gemeint haben könnte, viel absoluter, „heiliger", heiler.

*

Das Selbst erscheint sehr oft im Symbol der Vereinigung der Gegensätze, häufig im Symbol eines Liebespaares, und gerade dieses Symbol erscheint mir außerordentlich wichtig, weil hier das Erleben von Liebe, von

Ganzheit, von Sehnsucht nach Entgrenzung ausgedrückt ist. Und es ist immer wieder feststellbar, daß Menschen die Sehnsucht nach Liebe und die Sehnsucht nach dem Selbst kaum voneinander trennen können. Wenn wir von Liebe ergriffen sind, ist damit eine Sehnsucht verknüpft, die über die Liebesbeziehung hinausgeht. In solchen Situationen wäre das Selbst konstelliert.

*

Die Sehnsucht nach unserer Ganzheit kann sich oft in einer erotischen Phantasie ausdrücken, in der Sehnsucht nach einem geliebten Menschen, die auch dann nicht gestillt ist, wenn dieser Mensch anwesend ist, wenn man sogar in einer liebenden Beziehung zu ihm/zu ihr steht.

Daran wird deutlich, daß es bei der Liebessehnsucht letztlich nicht nur um das Wohlbefinden des Ichs, nicht nur um das Verbundensein mit einem Du geht, sondern daß darüber hinaus durch diese Beziehung das Selbst erlebt wird, eine Dimension des Lebens, die beide Beteiligten weit übersteigt. Damit steht im Zusammenhang, daß eine sexuelle Vereinigung durchaus auch als geistig erlebt werden kann oder daß Mystiker und Mystikerinnen immer wieder ihre Vereinigung mit Gott in erotisch-sexuellen Ausdrücken schildern.

*

Man-selber-Werden heißt immer auch, die Grenzen neu zu ziehen zwischen sich selbst und der Welt, zwischen sich selbst und dem Unbewußten. Diese Grenzen sind erlebbar, aber auch überschreitbar. In Beziehungen sind sie Voraussetzung für eine Ich-Du-Beziehung, bei der das Ich sich vom Du unterscheiden kann, nach innen geben sie Schutz gegen das Überschwemmtwerden von unbewußten Inhalten. Zur Erfahrung der Grenze gehört wesentlich das Erlebnis des Entgrenzens, im totalen Sich-Identifizieren mit einem anderen Menschen, im emotionalen Verschmelzen miteinander, wie wir es vor allem in Liebe und Sexualität erleben, wie wir es aber auch erleben, wenn wir uns ganz in einen anderen Menschen einfühlen.

*

Läßt man zwei Menschen, die durch ihr Zusammenleben sich durchaus etwas „verschrammt" haben, sich daran erinnern, wie der Anfang ihrer Beziehung war – der Frühling ihrer Beziehung – oder wie es war, als sie – nach längerer Trockenzeit – wieder neu sich ineinander verliebten, dann erinnern sie stimulierende Bilder und mit diesen verbundene Gefühle. Und damit wächst auch immer die Hoffnung wieder, daß doch ein neues Zusammensein, eine neue Utopie des Zusammenlebens, des Zueinandergehörens möglich wird. Diese Beziehungsphantasien ändern unsere Stimmung, auch noch in der Erinnerung. Mit ihnen ist Hoffnung in einem sehr weiten Sinn verbunden. Diese Hoffnung weiß um Trennung, weiß um die Schwierigkeiten des Alltags, um Abgrenzungskämpfe, um die persönlichen Probleme des Partners / der Partnerin, die in die Familie ausstrahlen und sich zu potenzieren scheinen, diese Hoffnung weiß um die ewige Zeitnot, die Phantasien so oft sich nicht ausbreiten läßt, weil das reale Leben uns soviel wichtiger erscheint.

*

Wenn wir verliebt sind, dann spüren wir in einem Partner / einer Partnerin die besten Möglichkeiten, die er oder sie hat, und wir haben das Gefühl, daß auch die besten Möglichkeiten in uns angesprochen werden. Es ist also eine Phase der ganz großen Bestätigung. Wir finden heraus, welche Seiten ein Mensch in uns belebt oder welche Saiten er oder sie zum Klingen bringt, und dieses Gefühl, so in einer Beziehung zu stehen, daß die besten Möglichkeiten in einem belebt werden, beglückt uns zutiefst.

Möglichkeiten, die noch verschwiegenen Bildern unserer Seele entsprechen, die wir nur ahnen, werden angesprochen; das gibt uns dieses Gefühl des Glücks, der Liebe, der Hochstimmung, der Ganzheit und auch das Gefühl, daß nun Gewordenes gesprengt werden kann, daß Neues wird. Und wenn wir uns so phantasieren, dann phantasieren wir natürlich auch die Beziehung zu diesem Menschen. Indem wir die besten Möglichkeiten in einem Menschen erkennen und in ihm ansprechen, gewinnen wir als die Liebenden Teil an ihm, und es werden auch in uns Aspekte wach, die über das hinausgehen, was wir geworden sind, worauf wir uns festgelegt haben. Was wir in einem geliebten Menschen sehen, mag ein fundiertes Wunschbild seiner selbst sein, das eben der Phantasie eines liebenden Menschen bedarf, um es ins alltägliche Leben zu inkarnieren – es kann aber auch bloß ein Wunschbild des Liebenden sein. Allerdings wird dann die Ernüchterung recht schnell folgen, die Enttäuschung sich einstellen.

*

Das Stimulierende an der Liebe ist, daß sie uns in Beziehungsphantasien selber in neuem Licht zeigt – und uns auch über uns hinauswachsen läßt. Das Ernüchternde hängt natürlich auch damit zusammen: Wenn wir diese Bilder nicht mehr aufrechterhalten können und anfangen, einander aus Enttäuschung zu entwerten, dann erfolgt der Absturz. Wenn die Bilder der Öffnung und des Aufbruchs, wie sie der ersten Phase der Liebe entspringen, zu einem enttäuschten „So bist du wirklich und nur so" werden, zu einem verengten Bild des Partners / der Partnerin, wird der anfängliche Raum der Freiheit zu einem Gefängnis. Bei diesem Erleben stellt sich die Frage, ob wir den Raum der Beziehungsphantasien in ihrem Wert als solche erkennen und stehenlassen können, oder ob wir fordern, daß sie materialisiert werden, sich auszahlen, eingelöst werden.

Diese Beziehungsphantasien sind Visionen, sie haben eine große Wirkung auf uns, wenn sie lebendig sind, wir können uns auch an sie zurückerinnern, sie wieder lebendig werden lassen. Doch Visionen können nie in der Realität ganz eingelöst werden. Es ist ohnehin problematisch, daß wir die Visionen immer daran messen, ob sie sich im Alltag verwirklicht haben, damit gehen wir am Wesen der Vision vorbei. Die Vision ist ein Leitbild; sie hat die Funktion, uns Ideen zu geben, uns hinauszuziehen aus der Gegenwart in die Zukunft, uns eine Hoffnung und eine Sehnsucht zu vermitteln; aber die Vision kann nie voll in den Alltag integriert werden.

*

In den Beziehungsphantasien projizieren wir also nicht nur das, was uns fehlt und was uns aus unserer eigenen Psyche am anderen entgegenwächst, in den anderen hinein; der geliebte Mensch ist nicht nur einfach ein Spiegel, an dem wir zu uns selbst kommen können. In der Liebe sehen wir vielmehr die besten Möglichkeiten in einen Partner hinein und geben ihm durch unsere Liebe auch das Gefühl, daß er sie verwirklichen kann. Und wenn wir wirklich lieben, werden wir ihm auch verzeihen, wenn er in der Realisation seiner besten Möglichkeiten weit hinter ihnen zurückbleibt, und wir werden es auch uns selbst verzeihen. Wir werden vielleicht gerade dadurch, daß wir uns später noch an die Gesten der aufbrechenden Liebe erinnern, an die schöpferischen Gestaltungen, auch daran denken, daß wir solche schöpferischen Phantasien, solche erwartungsvollen Gefühle mit diesen Menschen für ihn und für uns verbunden haben und daß der Anreiz, sie zu realisieren, so lange besteht, wie wir sie in unserer Phantasie aufrechterhalten.

Das ist nicht als ein imaginativer Gewaltakt zu verstehen, es ist ein Aspekt der Liebe selbst, daß sie im geliebten Menschen viele Möglichkeiten sieht, die dem, der nicht liebt, verborgen bleiben. Das mag von außen als die Blindheit der Liebe erscheinen, von innen ist es die Sehergabe, die Chance der Liebe, Bestätigung, Hoffnung, Veränderung.

Literaturhinweise

Die Texte dieses Buches wurden folgenden Büchern und Artikeln von Verena Kast entnommen, die alle im Walter Verlag erschienen sind:

Wege aus Angst und Symbiose, 1982, ^{9}1991
Mann und Frau im Märchen, 1983, ^{8}1992
Familienkonflikte im Märchen, 1984, ^{4}1993
Wege zur Autonomie, 1985, ^{4}1989
Märchen als Therapie, 1986, ^{4}1993
Traumbild Wüste, 1986, ^{3}1992
Freund- und Feindbilder, Hrsg. Peter M. Pflüger, 1986
Der schöpferische Sprung, 1987, ^{6}1994
Traumbild Auto, 1987, ^{2}1993
Imagination als Raum der Freiheit, 1988, ^{4}1991
Das Paar, Hrsg. Peter M. Pflüger, 1988
Die Dynamik der Symbole, 1990, ^{4}1994
Freude, Inspiration, Hoffnung, 1991, ^{4}1996
Abschiedlich leben, Hrsg. Peter M. Pflüger, 1991
Liebe im Märchen, 1992, ^{2}1992
Die vier Elemente im Traum, Hrsg. Ingrid Riedel, 1993
Das Eigene und das Fremde, Hrsg. Helga Egner, 1994
Neid und Eifersucht, 1996, ^{5}1996